Das kleine Buch für die
rheinische Frohnatur

Impressum

Das kleine Buch für die rheinische Frohnatur

Sonderausgabe

Regionalia Verlag,
ein Imprint der Kraterleuchten GmbH,
Gartenstraße 3, 54550 Daun

Umschlaggestaltung: Derek Gotzen

Gedruckt auf feinstem Schleipen-Papier aus deutscher Herstellung
Hergestellt in der Europäischen Union, Finidr, CZ

ISBN 978-3-95540-505-2

www.regionalia-verlag.de

Das kleine Buch für die

rheinische
Frohnatur

Vorwort

Noch bis heute haben sich im Rheinland Sitten und Gebräuche aus der »guten alten Zeit« erhalten. Die Rheinländer feiern auch heute noch den Karneval, das Oster- oder Drei-Königsfest. In der heutigen modernen, schnelllebigen Zeit macht es Spaß nachzulesen, wie die Rheinländer damals, als alles doch etwas gemächlicher vonstatten ging, die Feste zu feiern wussten.

In vielen Texten ist in diesem Buch nachzulesen, wie z. B. die Bürger der Stadt Köln »ihren« Prinzen Karneval bejubelten. Selbst mit Verboten durch den kirchlichen Klerus oder die französischen Besatzer waren die Menschen von dem fröhlichen Treiben nicht abzuhalten. Auch damals (wie heute immer noch) wurde der Gürzenich reich geschmückt und das bunte Fastnachtstreiben konnte hier mit Tanz und Musik gefeiert werden.

Erfahren Sie, wie das Fronleichnamsfest entstanden ist und wozu die Kräuter zu Maria Himmelfahrt dienten.

Die Gedichte und Geschichtchen in der »kölschen« Mundart laden zum Schmunzeln und zum Staunen ein. Wenn Sie die »kölsche Sproch« nicht verstehen – keine Sorge: Erklärungen, bzw. Übersetzungen, sind unter den wesentlichen Texten nachzulesen. Verschaffen Sie sich einen kleinen Einblick in die Mentalität der Menschen jener Zeit und lernen Sie Figuren wie das »Gecken Berndchen«, »Tünnes und Schäl« und das »Hännesje« kennen.

Die Sage der Loreley kennen wir ja noch aus der Schule. Hier können Sie Ihr Gedächtnis wieder auffrischen und die Geschichte noch einmal nachlesen, denn der eine oder andere hat doch sicher schon wieder vergessen, was die holde Maid den armen Schiffern angetan hat.

Sicher erinnern Sie sich auch an die Sage der Kölner Heinzelmännchen – »Wie war zu Köln es doch vordem – mit den Heinzelmännchen so bequem!« Wie sehr wünschen wir uns diese munteren Gesellen noch einmal zurück! Lesen Sie in diesem Buch nach, wie es dazu kam, dass diese fleißigen Helfer für immer verschwunden sind.

Viel Spaß beim Lesen!

Inhalt

Kapitel 1

Kapitel 2

Kapitel 1

Rheinisches Leben

Das erste Dampfschiff auf dem Rhein 1816

Stahlstich, 1841

Rheinisches Leben
Adelheid von Stolterfoth

Am Rhein blüht schön'res Leben!
Aus der Vernichtung Staub,
Der Ahnen Geister schweben,
Die längst des Grabes Raub;
Und Lieder dort erklingen
Mit wunderbarem Gruß,
Die leis' ich wieder singen
Und wieder träumen muß.

Seh' ich den Vogel ziehen
Hoch durch der Lüfte Blau,
Und seh' ich Schiffe fliehen
In fernes Nebelgrau,
Ist mir's, als ob im Fluge
Der Vogel Worte singt,
Als ob, im schnellen Zuge,
Vom Schiff ein and'res klingt.

Hier flüstern Geisterworte
Aus leichtbewegter Flut;
Dort um die Klosterpforte,
Wo Pilger einst geruht
Und aus den Efeuranken,
Die hoch und traurigwild
Sich um die Gräber ranken,
Tönt Elfensang so mild.

Doch schau' ich an der Mauer
Verfallner Burg hinauf,
So steigt ein leiser Schauer
In meinem Busen auf;
Denn in den öden Trümmern
Tönt's bald wie Kampf und Sturm,
Bald hör' ich's leise wimmern
Aus dem Verlies im Turm.

Bald reden Erz und Steine
Von der Vergangenheit,
Bald sagt das Volk am Rheine
Die Mären alter Zeit.
Wir erbten manche Sage
Und glauben sie getreu,
Wer wagt die schnöde Frage:
Ob sie wohl Wahrheit sei?

Treu meld' auch ich den andern,
Was ich einst hört' und fand,
Wer es nicht glaubt, mag wandern
In unser schönes Land.
Und auf den Höhn und Gründen
Lausch' er am Abend still
Das Herz kann immer finden,
Wenn es nur suchen will.

Adelheid von Stolterfoth (1800–1875). Aus: Rheinischer Sagenkreis.
Ein Circulum von Romanzen, Balladen und Legenden des Rheins, Frankfurt/Main 1835.

Sage von der Loreley

Mark Twain

In Deutschland gibt es eine Fülle von Volksliedern, und die Worte und Weisen einiger von ihnen sind besonders schön – aber »Die Loreley« ist dem Volke das liebste Lied. Zuerst konnte ich die Weise nicht leiden, aber jetzt gefällt sie mir besser als jede andere.

In Amerika kann sie nicht sehr bekannt sein, sonst hätte ich sie dort gehört. Die Tatsache, daß ich sie nie gehört habe, ist ein Beweis dafür, daß es in meiner Heimat noch mehr Leute gibt, denen es ebenso ergangen ist; deshalb will ich ihretwegen in diesem Kapitel den Text und die Melodie veröffentlichen. Und ich will das Gedächtnis des Lesers auffrischen, indem ich auch die Sage von der Loreley veröffentliche. Ich habe sie in den »Sagen vom Rhein« gefunden, ins Englische übertragen von dem unmäßig begabten Garnham, Bachelor of Arts. Ich drucke die Sage teils auch deshalb ab, um mein eigenes Gedächtnis aufzufrischen, denn ich habe sie noch nie zuvor gelesen.

Die Sage

Lore war eine Wasserjungfrau, die am Rhein auf einem hohen Felsen namens Ley oder Lei saß und Schiffer zu ihrem Untergang in einen wilden Strudel lockte, der an jener Stelle den Wasserweg behinderte. Sie bezauberte jene mit ihren traurigen Liedern und ihrer wunderbaren Schönheit so sehr, daß sie alles andere vergaßen, um zu ihr emporzustarren, und so trieben sie alsbald zwischen die zerklüfteten Riffe und waren verloren.

In jener alten, alten Zeit wohnte in einem großen Schloß dort in der Nähe der Graf Bruno mit seinem Sohn, dem Grafen Hermann, einem zwanzigjährigen Jüngling. Hermann hatte sehr viel von der schönen Lore gehört und hatte sich schließlich innig in sie verliebt, ohne sie noch gesehen zu haben.

So streifte er abends mit seiner Zither in der Nähe des Lei umher und »gab seinem Sehnen durch leisen Gesang Ausdruck«, wie Garnham sagt. Bei einer solchen Gelegenheit »schwebte plötzlich um die Spitze des Felsens ein Leuchten von unerreichter Klarheit und Farbe, das, zu immer kleineren Kreisen verdichtet, die bezaubernde Gestalt der schönen Lore war«.

»Ein ungewollter Freudenschrei entschlüpfte dem Jüngling, er ließ seine Zither fallen, und mit ausgestreckten Armen rief er den Namen des rätselhaften Wesens aus, das sich hebend zu ihm zu neigen und ihm in freundlicher Weise zu winken schien; in der Tat, wenn ihn sein Ohr nicht täuschte, rief sie seinen Namen in dem unsagbar süßen Flüstern, das der Liebe eigen ist. Außer sich vor Entzücken, verlor der Jüngling das Bewußtsein und sank bewußtlos zur Erde«.

Danach war er ein anderer Mensch. Er ging träumend umher, dachte nur an seine Fee und kümmerte sich um nichts anderes auf der Welt. »Der alte Graf nahm mit Kummer diese Änderung in seinem Sohn wahr«, deren Grund er nicht erraten konnte, und versuchte, ihn mit heiteren Dingen abzulenken, aber ohne Erfolg. Dann übte der alte Graf seine Autorität aus. Er befahl dem Jüngling, sich ins Heerlager zu verfügen. Ihm wurde Gehorsam zugesichert. Garnham schreibt:

»Es war am Abend vor seiner Abreise, als er noch einmal den Lei besuchen und der Nymphe des Rheins seine Seufzer, die Töne seiner Zither und seine Lieder darbringen wollte. Er fuhr in seinem Boot, diesmal von einem treuen Knappen begleitet, stromabwärts. Der Mond goß sein silbernes Licht über das ganze Land aus; die steilen Uferberge erschienen in überaus phantastischer Gestalt, und die hohen Eichen auf beiden Ufern neigten ihre Zweige, wenn Hermann vorüberkam. Sobald er sich dem Lei näherte und die Brandungswellen bemerkte, wurde sein Begleiter von unbeschreiblicher Furcht ergriffen, und er bat um Erlaubnis zu landen; aber der Ritter schlug die Saiten seiner Gitarre und sang:

»Einst sah ich dich in dunkler Nacht
In überirdischer Schönheit Pracht;
Aus Licht die Gestalt gewoben war,
Genauso wollt strahlen das Lockenhaar.

Wellenfarben dein Gewand,
Das Liebeszeichen deiner Hand,
Deiner Augen süße Beglückung
Strahlt mir zu, o Verzückung.

O wärest du mein Liebchen fein,
Wie gern teilte ich die Liebe dein!
Wie würde ich fahren wonnetrunken
In dein Felsenhaus tief dort unten!«

Daß Hermann überhaupt an diesen Ort gekommen war, das war nicht klug; daß er mit einem derartigen Lied auf den Lippen gekommen war, das war ein schwerwiegender Fehler. Diesmal rief die Loreley nicht »seinen Namen mit unsagbar süßem Flüstern«.

Nein, dieses Lied bewirkte natürlich eine sofortige und gründliche »Änderung« in ihr; und nicht nur das, sondern es wühlte auch die Eingeweide der ganzen betroffenen Umgebung auf, denn:

»Kaum waren diese Töne erklungen, begann überall Getümmel und Lärm, wie von Stimmen über und unter dem Wasser. Auf dem Lei schlugen Flammen empor, die Fee stand oben, wie damals, und winkte mit der rechten Hand deutlich und nachdrücklich dem betörten Ritter zu, während sie mit einem Stab in der Linken die Wellen zu ihrem Dienst rief. Sie begannen himmelwärts zu steigen; das Boot wurde umgestürzt, jeder Anstrengung spottend; die Wellen stiegen bis zum Dollbord, und auf den harten Steinen zersplitternd, brach das Boot in Stücke. Der Jüngling sank in die Tiefe, aber der Knappe wurde von einer mächtigen Woge an Land geworfen«.

Viele Jahrhunderte lang hat man die bittersten Dinge über die Loreley gesagt, aber ganz gewiß verdient das Verhalten, das sie bei dieser Gelegenheit gezeigt hat, unsere Hochachtung. Man fühlt sich zärtlich zu ihr hingezogen und ist geneigt, ihre vielen Verbrechen zu vergessen und sich nur der guten Tat zu erinnern, die ihre Laufbahn krönte und abschloß.

»Die Fee wurde nie mehr gesehen; aber ihre bezaubernden Töne sind oft gehört worden. In den schönen, frischen, stillen Frühlingsnächten, wenn der Mond sein Silber über das Land gießt, hört der lauschende Schiffer aus dem Rauschen der Wellen den hallenden Klang einer wunderbar bezaubernden Stimme, die aus dem Kristallschloß ein Lied singt, und mit Kummer und Furcht gedenkt er des jungen Grafen Hermann, der von der Nymphe verführt wurde«.

Mark Twain (Samuel Langhorne Clemens, 1835–1910). In: Bummel durch Europa, Berlin und Weimar 1963.

Die Lorelei
Heinrich Heine

Ich weiß nicht, was soll es bedeuten,
Daß ich so traurig bin;
Ein Märchen aus alten Zeiten,
Das kommt mir nicht aus dem Sinn.

Die Luft ist kühl und es dunkelt,
Und ruhig fließt der Rhein;
Der Gipfel des Berges funkelt
Im Abendsonnenschein.

Die schönste Jungfrau sitzet
Dort oben wunderbar,
Ihr goldnes Geschmeide blitzet,
Sie kämmt ihr goldenes Haar.

Sie kämmt es mit goldenem Kamme,
Und singt ein Lied dabei;
Das hat eine wundersame,
Gewaltige Melodei.

Den Schiffer im kleinen Schiffe
Ergreift es mit wildem Weh;
Er schaut nicht die Felsenriffe,
Er schaut nur hinauf in die Höh'.

Ich glaube, die Wellen verschlingen
Am Ende Schiffer und Kahn;
Und das hat mit ihrem Singen
Die Lorelei getan.

Seit vierzig Jahren liebt man in Deutschland dieses Lied, und man wird es vielleicht immer lieben.

Heinrich Heine (1797–1856). Aus: Gedichte, 1822.

Rheinkähne

Joachim Ringelnatz

Den Rhein durchgleiten die großen
Kähne. Breit und flach.
Es sitzen zwei Badehosen
Auf dem hintersten Dach.

In diesen Hosen stecken
Zwei Männer, nackt und braun.
Die lieben das Tempo der Schnecken
Und schimpfen auf ihre Fraun.
Und mustern die fremden Weiber,
Die strandlängs promeniern.

Glauben doch oft nackte Leiber,
Daß sie an sich imponiern.
Wie ausgetretene Schuhe
Sind diese Kähne. Hat jeder Kahn
Solch friedlich häusliche Ruhe,
Hat keiner das Getue
Der preußischen Eisenbahn.

In jedem Kinderwagen
Am Strande rollt ein Kind.
Keins dieser Kinder wird fragen,
Was Schleppkähne sind.

Joachim Ringelnatz (Hans Gustav Bötticher, 1883–1934)

Der Salm

Christian Morgenstern

Ein Rheinsalm schwamm den Rhein
bis in die Schweiz hinein.

Und sprang den Obenauf
von Fall zu Fall hinauf.

Er war schon weißgottwo,
doch eines Tages – oh! –

Da kam er an ein Wehr:
das maß zwölf Fuß und mehr!

Zehn Fuß – die sprang er gut!
Doch hier zerbrach sein Mut.

Drei Wochen stand der Salm
am Fuß der Wasser-Alm.

Und kehrte schließlich stumm
nach Deutsch- und Holland um.

Christian Morgenstern (1871–1914)

Der Rhein und Deutschlands Stämme

Kurt Tucholsky

Es fließt ein Strom durch das deutsche Land,
drin spiegeln sich Schlösser und Zinnen;
er ist in den deutschen Gauen bekannt,
kein Refrain kann demselben entrinnen.
Und alle Romantik hat hier ihr Revier,
und je lauter das Rheinlied, je kälter das Bier
der kleinen und großen Verdiener.

Zum Beispiel so der Berliner:
»Ein rheinischet Meechen – beim rheinischen Wein –
Ja, Donnerwetter nich noch mal!
Na, det muß ja der Hümmel auf Erdn sein –!
Wat, Lucie –?«

Wer Lieder für Operetten schreibt
aus Prag, aus Wien und aus Bentschen –:
den Rhein möcht ich sehn, der da ungereimt bleibt –
es sind halt geschickte Menschen!
Und was sie dichten, ganz Deutschland grölts,
von Aachen bis Dirschau, von Kiel bis nach Ölz;
wo nur Treue und Weinbrand wachsen.

Zum Beispiel so unsere Sachsen:
»Ein rheinisches Mädchen – beim rheinischen Wein –

Nu heere mal, Agahde, was hasdn dn
Krachenschonr nich midgenomm? 's is doch
so giehle uffm Wasser?

Diß muß ja der Himmel auf Erden sein!
Eicha …!«

Im Rhein, da quillt unsere Mannesbrust,
da liegen dicke Tantiemen;
und befällt den Deutschen die Sangeslust:
hier kann er das Ding unternehmen.
Es reimt sich der Rhein
auf Schein und auf Sein
und auf mein und auf dein,
auf Jüngferlein, Stelldichein, Gänseklein …
Und ist auch zerklüftet das Deutsche Reich:
im Moorbad der Lyrik verstehn sie sich gleich.
Viel schneller als bei Richard Dehmel.
Zum Beispiel so jener aus Memel:

»Ain rhäinisches Mädchen – bäim rhäinischen Wäin –
äi, das muß ja der Himmel – auf Erden säin –
Wäißt, wenn dir der Wäin nich schmeckt,
jieß noch'n kläin Schnaps-che räin! –
Äi, das muß ja der Himmel auf Erden säin –!
Oder mäinst näin –?«

So ist der Rheinstrom ohne Fehle,
das Familienbad der deutschen Seele.

Kurt Tucholsky (1890–1935)

Rheinische Schimpfwörter

Aapefott: Wenn Sie in Köln so angeredet werden, schauen Sie in den Spiegel: Die Aapefott ist das Hinterteil eines Pavians. Do häs e Jeseech wie en Aapefott – schmeichelnd ist das wahrlich nicht gemeint.

Aprelsjeck: Mehr als bloß ein rheinischer Jeck! Dieser Kölner ist der personifizierte Scherz.

Babbeler: Scheint einen Motor in seinem Mainzer Sprechwerkzeug eingebaut zu haben; redet ohne Punkt und Komma. Steigerung davon ist die ...

Babbelgusch: die es geschafft hat, während des Babbelns auch noch das Hirn abzuschalten. Ob es überhaupt vorhanden ist, kann oft nicht ausgemacht werden.

Baselemanes: Ihn treffen Sie besonders häufig auf der Düsseldorfer Kö an, wo er den Frauen durch übertriebenes Getue auf den Keks geht. Zum Beispiel durch einen »baiser les mains«, den französischen Handkuss. Ein Umstandskrämer, bei dem nur eines hilft: Mak nit sone Baselemanes! Manchmal mögen es die Damen halt auch ohne große Umstände.

Bettschoner: ist zwischen Weiberfastnacht und Aschermittwoch fast jeder Rheinländer.

Blaach: Bis zur Pubertät ist jeder Kölner ein Blaach, erst recht, wenn er sich so benimmt (zum Beispiel im Sandkasten dem Spielkameraden mit dem Schäufelchen auf den Kopf schlägt). Wer sich später auch so auf der Arbeit verhält (da fallen Ihnen doch jetzt gewiss ein paar Beispiele ein, nicht wahr?), darf getrost immer noch als Blaach bezeichnet werden.

Bleuel: Übel, übel. So jemand schnauzt in Düsseldorf die Leute an. Ob er auch etwas zu sagen hat, sei dahingestellt.

Blooges: Wenn Sie in Mainz so angeredet werden, sollten Sie sich schleunigst in der nächsten Buchhandlung nach einem Knigge umsehen.

Brezel: Ein spätes, prüdes Mädchen, das sich nicht nur in Düsseldorf ziert. Durchaus möglich, dass man sich über sie brezelig lachen kann. Wohingegen es beim fiesen Brezel nichts zu lachen gibt: Er ist ein ausgetrockneter, saftloser Fiesling, der anderen das Leben schwer macht.

Dabbes: Da macht ihm in Mainz so schnell niemand etwas vor: Fettnäpfchen erspürt er aus fünf Kilometern Entfernung und da tappt er dann mit absoluter Zielstrebigkeit hinein.

Dier, scheel: Ein bedauernswertes Mainzer Geschöpf: Es hat zwei linke Hände und fällt über die eigenen Füße. Ihre Ungeschicklichkeit wird nur noch überboten von der scheel Hinkel, einer Frau, die völlig von der Rolle ist.

Drüchleech: Geistig ziemlich verdunkelt, dieser Rheinländer. Das Schimpfwort stammt aus der Zeit, als es noch Petroleumlampen und damit auch »trockene Lichter« gab.

Dunsel: Eine dümmliche Mainzer Dame – leider ist sie selbst vom Gegenteil überzeugt.

Engelpääd: Nicht etwa ein engelsgleiches Pferd, sondern in Köln jeder (auch solche, die nicht Engelbert heißen), der geziert Wert auf sein Äußeres legt. Su ene schöne Engelpääd!

Fiese Möpp: Das Wort fies sollten Sie sich in Köln merken. Fies ist alles, was unangenehm, häßlich, unappetitlich und gemein ist. Ne fiese Möpp ist allerdings kein schmuddeliger Hund, vielmehr ein hinterlistiger Mensch.

Fisternölles: Ein Rheinländer, der den Fisternöll, den Seitensprung, zu seinem Hobby gemacht hat.

Flaabes: So zwischen 14 und 18 Jahren ist auch in Köln fast jeder Knabe ein Flegel wenigstens hin und wieder. Manche kommen aber nie aus diesem Alter heraus.

Flänzje: Ein rheinischer Lebenskünstler, der allerdings mit seiner unverantwortlichen Art für seine Mitmenschen eine ziemliche Zumutung ist. Warum soll ausgerechnet er sich abplagen, wo es doch genügend andere gibt, die auch das für ihn erledigen.

Freese: Ein Kölner mit miesem, widerwärtigem Charakter. In höchster Potenz wird er zum widderlich Freese.

Gigges-Gagges: Ein dankbarer Zuhörer abgestandener Witze. Lacht über den letzten Mist, wo andere schon peinlich betreten zur Seite schauen.

Gurk, schebb: Wenn Sie in Mainz eine Dame so anreden, sollte Ihnen vorher bewusst sein, dass dies das letzte Wort sein wird, das Sie mit dieser Frau in alle Ewigkeit gewechselt haben; auch, wenn sie tatsächlich ein wenig schief gebaut ist.

Hannebambel: Eigentlich müsste man Mitleid mit ihm haben. Aber selbst das ist schon zu viel an Investition für diesen megaschlaffen Rheinländer südlich des Binger Lochs: Er ist viel zu deppert, um zu merken, wie lächerlich er ist.

Heini, fimpchije: Mimose in Menschengestalt: Ein falsches Wort, und dieser Kölner reagiert fimpchisch, also empfindlich.

Hinkel, welsch: Kommt nicht etwa aus dem Französisch sprechenden Teil der Schweiz, sondern kann durchaus mit Mainzer Rheinwasser getauft sein. Ihrer Umgebung allerdings mutet ihr Benehmen so merkwürdig und seltsam an, dass sich niemand vorstellen kann, es mit einer Einheimischen zu tun zu haben.

Mebsler: Wenn Salmonellen und Maden von innen gegen die Konservendose pochen und raus wollen, kann man sicher sein: Der Inhalt mebselt, er ist umgegangen und verdorben. Wenn ein Mainzer mebselt, ist er ebenfalls kurz vor dem Umgehen, zumindest riecht er schon entsprechend.

Nöttelefones: Sie laden ihn zum Essen ein – und er meckert, dass der Beluga-Kaviar um 4 Grad Celsius zu kalt serviert sei; er hat sechs Richtige im Lotto – und mosert, dass diesmal nur 600 000 Mark rausspringen; Sie haben zu seinem Geburtstag die Wiener Philharmoniker für ein Ständchen engagiert und er grämt sich, weil Anne-Sophie Mutter nicht die erste Geige spielt. Ein undankbarer Patron? Nein, ein Nöttelefones in R(h)einkultur.

Olwel: Sie kennen die Karikatur von der traurigen Gestalt, die vergeblich versucht, einen Nagel in die Wand zu schlagen und sich dabei auf den Daumen schlägt. An so hochspezialisierte Arbeiten wagt der Mainzer Olwel sich erst gar nicht ran: Wenn er Kartoffeln schält, wartet unten vorm Haus mit laufendem Blaulicht der Notarzt.

Päd, hölzern: Die Dame versucht mühsam, in ihren Mantel zu kommen und er steht dabei, schaut teilnahmslos zu und denkt sich: Wie können Frauen bloß so ungeschickt sein!

Pärzer: Gibt's in jedem Betrieb, nicht nur in Mainz: einer, der Stunk macht und das Klima vergiftet.

Quallmann: Mit frischen Matjesheringen eine der Kölner Leibspeisen. Ein Quallmann ohne alles, dafür aber auf zwei Beinen, ist zwar einer Pellkartoffel nicht unähnlich, dennoch aber ungenießbar.

Rabbelkobb: Argumentieren hilft überhaupt nichts: Was sich dieser Mainzer in den Schädel gesetzt hat, das gilt und wenn er mit dem Kopf durch die Wand muss.

Rußdutt: Ein Mainzer, dessen Lebenssinn darin besteht, seinen Alkoholpegel zu halten.

Schäl: Die andere Hälfte des kölschen Duos Tünnes un Schäl. Erkennungszeichen (äußere): dicke rote Nase – das Kölsch fordert halt seinen Tribut – rote Strubbelmähne, Wampe. Was man nicht sofort sieht, ist seine pfiffig-blöde Dreistigkeit (doch, diese Kombination ist möglich, zumindest in der Person des Schäl). Ein Schäl ohne Tünnes ist jemand, dessen Augen irgendwie verkehrt in den Augenhöhlen befestigt sind und deshalb leicht ohne Kopfwendung den totalen Rundumblick schaffen.

Schlibbche: Sollten Sie, liebe junge Leserin, in Mainz an einen solchen jungen Mann geraten – glauben Sie ihm kein Wort, wenn er den Schüchternen spielt und Ihnen schwört, Sie seien seine erste große Liebe. Der Junge ist ein ganz durchtriebener Halunke, zugegebenermaßen ein netter.

Speimanes: Wenn er redet – Schirm aufspannen! Es wird ziemlich feucht! Die Figur des Speimanes gehört im Übrigen zum festen Ensemble des Kölner Hänneschen-Theaters.

Tränedeer: Taschentücher bereithalten! Dieser Kölner, meist weiblich, hat dicht am Wasser gebaut.

Uijuiche: Hinter ihr pfeifen die Männer auf den Straßen von Mainz her; darauf legt sie es ja auch an. Aber wer sie dann näher kennenlernt: viel Fassade, wenig Inhalt.

Verdelche: Wenn Ihnen auf Ihrer Party jemand freundlich zuprostet, den Sie nie zuvor gesehen, geschweige denn eingeladen haben, steht Ihnen ganz sicher ein Verdelche gegenüber: ein Liebhaber eines halben Schoppen Weins, den er allerdings vorzugsweise dort genießt, wo es ihn nichts kostet.

Wasserstäädrachoner: Die Spülbecken in den Mainzer Küchen haben sich verändert und sind heute aus Nirosta-Stahl, die Hausdrachen dahinter sind dieselben geblieben.

Werschtche, aam: Gibt's in allen deutschen Gauen; im rheinhessischen sind aam Werschtche ganz besonders kleine Mickerlinge.

Zipperhöhnche: Vorsicht, nicht erschrecken! Dieses Düsseldorfer Hühnchen verliert ohnehin schon vor lauter Angst seine Federn.

Ausgewählt aus: Schmitz, Jean, Das Rheinische Schimpfwörterbuch, Verlag Michaela Naumann, Nidderau 1992.

Die Rheinische Küche
Wolf Uecker

H immel und Äd' heißt das beliebte Gericht aus Äpfeln und Kartoffeln. Himmel und
Erde scheinen im Rheinland näher beisammenzuliegen als anderswo.

Der Kölner Dom und »Tünnes und Schäl«, die elegante Düsseldorfer »Kö« und die
gemütlichen Altstadtkneipen, wo der »Köbes« das Altbier bringt – im Rheinland weiß
man gut zu leben …

Goethe fand hier Andacht und Frohsinn innig vereint, als er 1824 schrieb: »Es ist ein
artiger Zufall, daß in dem Augenblick, da wir von dem tüchtigsten, großartigsten Werk,
daß vielleicht je auf Erden gegründet worden, dem Dom zu Cöln gesprochen, wir sogleich des leichtesten, flüchtigsten Ereignisses einer frohen Laune, des Karnevals in
Cöln gedenken«.

Am Rhein gab es mindestens 1000 Jahre früher Kochbücher als in anderen deutschen Gegenden. Zur Römerzeit wurde hier nach Apicius gekocht. Der Handel mit aller
Welt brachte viele Gewürze in heimische Küchen.

»Die Stadt Düsseldorf ist sehr schön, und wenn man in der Feme an sie denkt und
zufällig dort geboren ist, wird einem wunderlich zu Mute. Ich bin dort geboren und mir
ist, als müßte ich gleich nach Hause gehen«, schrieb Heinrich Heine 1826.

Kross gebratene »Blootwoosch« (Blutwurst) gehört für jeden Rheinländer zu seinem National-gericht:

Himmel und Erde
(Zubereitungszeit 30 Minuten)

1 kg Kartoffeln, mehlige Sorte, geschält, gewaschen,
500 g Äpfel, säuerlich, geschält, entkernt, in Scheiben geschnitten,
1 EL Zucker,
Salz,
150 g durchwachsener Speck, gewürfelt,
2 EL Butter,
2 mittlere Zwiebeln, fein gewürfelt

1. Kartoffeln und Äpfel im Topf mit so viel Wasser aufsetzen, dass sie gerade bedeckt sind. Salz und Zucker zufügen. Mit Deckel bei mittlerer Hitze 20–25 Minuten kochen lassen.

2. Speck mit Zwiebeln und Butter in einer Pfanne bei mittlerer Hitze bräunen lassen. Warm stellen.

3. Falls noch Flüssigkeit im Kartoffeltopf vorhanden ist, abgießen und dann die gekochten Kartoffeln mit den Äpfeln zu Püree zerstampfen.

4. Heiße Sauce aus der Pfanne über das Mus geben.

Auf rheinischen Tischen liebt man den »Quergeschmack«, also möglichst verschiedene Kombinationen, süß-sauer-scharf, alles auf einem Teller. Ein Beispiel hierfür ist auch der berühmte Sauerbraten mit seinen zahlreichen, fein abgestimmten Gewürzen.

Sauerbraten
(Zubereitungszeit 2 ½ Stunden)

Marinade
½ l Wasser,
¼ l Rotweinessig,
1 TL Salz,
10 Pfefferkörner, im Mörser zerdrücken,
10 Wacholderbeeren, im Mörser zerdrücken,
5 Nelken,
½ TL Senfkörner,
3 Zwiebeln, in Scheiben,
1 Möhre, in Scheiben,
2 Lorbeerblätter,
1 Tasse Rotwein,
½ TL Koriander,
½ TL Majoran,
½ TL Rosmarinpulver

1½ kg Rinderbraten, aus der Brust geschnitten,
2–3 Tage in der Marinade ziehen lassen, dreimal täglich wenden,
dann herausnehmen und gut trocknen,

1 EL Schmalz und 2 EL Butter zum Anbraten (oder 3 EL Butterschmalz)

Sauce

1 EL Johannisbeergelee,
¼ l Sahne,
2 mittelgroße feingehackte Zwiebeln,
4 geriebene Lebkuchen (z. B. Kemmsche Kuchen)
1 Tasse Rosinen,
1 Std. in Wasser einweichen,
getrennt davon 1 Tasse Korinthen, 1 Std. in Wasser einweichen,
½ Tasse Rotwein

1. Butter und Schmalz (oder Butterschmalz) im schweren Bräter erhitzen. Fleisch 5 Minuten bei großer Hitze von allen Seiten anbraten.

2. Korinthen und Zwiebelwürfel dazugeben und bei kleiner Hitze unter Rühren 5 Minuten braten. Etwas Marinade dazugießen.

3. Immer wieder Marinade nachgießen und mit Deckel unter gelegentlichem Rühren und Wenden des Bratens gut 2 Stunden bei kleiner Hitze garen. Braten herausnehmen und warm stellen.

4. Sauce durch ein feines Sieb passieren. Bei kleiner Hitze geriebene Lebkuchen, Sahne und Rosinen dazugeben und unter Rühren ohne Deckel 10 Minuten aufkochen.

5. Mit Salz, schwarzem Pfeffer, Johannisbeergelee und Rotwein abschmecken.

Da zum Sauerbraten die Kartoffelklöße unerlässlich sind, empfiehlt es sich für Ungeübte auf Fertigprodukte auszuweichen. Wer's dennoch selbst probieren will, muss sich an diese Regeln halten:

Kartoffelklöße
(Zubereitungszeit 40 Minuten)

Für 16 Klöße
2 ½ kg Kartoffeln, mehlige Sorte,
70 g Grieß,
½ l Milch,
2 EL Mehl,
2 EL Salz

1. Die Kartoffeln in kaltes Wasser reiben, die Masse in ein Küchentuch füllen, ausdrücken, bis sie trocken ist. Das ausgepresste Wasser ruhen lassen, bis sich Stärke absetzt. Wasser abgießen, Stärke zu den Kartoffeln geben.

2. Aus dem Grieß und der Milch nun einen Brei kochen, heiß mit Salz unter die Kartoffeln geben. Das Mehl unterrühren und die Klöße formen.

3. Die Klöße in siedendes Salzwasser legen, nicht kochen. Abwarten bis die Klöße steigen, dann noch einmal so lange ziehen lassen.

In einigen Stadtteilen Düsseldorfs hat sich das Radschlagen der Kinder auf der Straße – ein alter Brauch – bis heute erhalten. Die Halbwüchsigen umturnen den Spaziergänger, der die Aktivitäten früher mit einem Groschen entlohnte. Heute müssen es schon 50 Pfennig sein, wenn man nicht von einer Kinderhorde als Geizkragen beschimpft werden will.

Erstaunlich ist es auch, was man in Düsseldorf unter »Rippchen« versteht: Mit dem Brustkorb eines Schweines hat dieses für Düsseldorf typische Gericht jedenfalls überhaupt nichts zu tun: Für die sogenannten Düsseldorfer Rippchen mit Mangoldgemüse besorgen wir uns beim Schlachter 6 Plastikformen für Sülzkoteletts. Die kosten nur Cents!

Düsseldorfer Rippchen mit Mangoldgemüse
(Zubereitungszeit 45 Minuten)

800 g Kalbfleisch durchgedreht,
100 g Speck, fein gewürfelt,
1 Zwiebel, fein gewürfelt,
1 Bund glatte Petersilie, fein gehackt,
250 g Champignons, fein gehackt,
2 EL Butterschmalz zum Braten,
1 kg Mangold, putzen und in Streifen schneiden

Bechamelsauce
1 EL Mehl,
1 EL Butter,
1/8 l Milch,
1/8 l gekörnte Brühe,
Salz, weißer Pfeffer, Muskat

1. Speck und Zwiebel in der Pfanne kurz dünsten.

2. Fleischmasse mit dem Gedünsteten, der Petersilie, den Champignons und den Gewürzen durchkneten.

3. Formen mit Semmelbrösel ausstreuen und die Masse einfüllen. Festdrücken und stürzen.

4. Butterschmalz in Pfanne erhitzen und die »Koteletts« von jeder Seite ca. 6 Minuten langsam braten.

5. Für die Bechamelsauce die Butter zerlassen. Mehl einstreuen und verrühren. Sofort erst mit der Milch, dann mit der Brühe ablöschen und glatt rühren. 5 Minuten köcheln.

6. Den Mangold für 2 Minuten in sprudelnd kochendes Salzwasser legen, abtropfen lassen und in die Sauce geben. Mit Salz, Pfeffer und Muskat abschmecken.

Dieses Gericht entspricht in idealer Weise dem alten Düsseldorfer Handwerkerspruch:

»Erst mal langsam jut frühstücken,
jearbeitet hammer schnell.«

Ob zum zweiten Frühstück oder nachmittags um fünf für eine Portion seiner geliebten Miesmuscheln in der nächsten Eckkneipe hat der Rheinländer immer Zeit. Wenn Sie die einmal zu Hause nachmachen möchten, hier das Originalrezept:

Rheinische Miesmuscheln
(Zubereitungszeit 30 Minuten)

2 kg frische Miesmuscheln, unter fließendem Wasser gründlich waschen oder bürsten,
1 mittelgroße Zwiebel, in dünne Scheiben schneiden,
20 g Butter,
½ l trockener Weißwein,
2 Lorbeerblätter,
1 gestrichener EL Salz,
1 TL Thymian,
4 EL Petersilie, gehackt,
1 TL weißer Pfeffer

1. Mit dem Wein Muscheln und alle Zutaten (außer der Petersilie) in großem Topf mit Deckel zum Kochen bringen. Etwa 10 Minuten bei Mittelhitze kochen.2

2. Muscheln herausnehmen, auf tiefen Tellern servieren. Sud durchseihen und mit Salz und Pfeffer abschmecken, Petersilie einrühren. Sud portionsweise über die Muscheln im Teller gießen. Der Sud wird mit Weißbrot aufgetippt.

Alle Muscheln, die vor dem Kochen geöffnet sind und sich im kalten Wasser nicht mehr schließen oder nach dem Kochen noch geschlossen sind, sind ungenießbar!

Zum Nachtisch liebt der Rheinländer süße Aufläufe über alles. Ganz typisch ist dieser schnell bereitete

Chaudeau
(Zubereitungszeit 1 Stunde)

4 Eigelb,
4 Eiweiß, steif schlagen,
125 g Zucker,
½ l Rheinwein,
¾ Tasse Paniermehl,
½ TL gemahlener Zimt,
½ ungespritzte Zitrone,
Schale abreiben,
1 Tasse Sultaninen,
2 TL Butter

1. Ofen auf 190 Grad vorheizen. Eigelb mit Zucker, Weißwein, Zimt und Zitronenschale schaumig rühren. Paniermehl und die Hälfte der Sultaninen einrühren. Langsam den festen Eischnee und die restlichen Sultaninen dazugeben und vermischen.

2. Auflaufform mit Butter ausstreichen und die Masse einfüllen. Auf Mittelschiene des Ofens etwa 45 Minuten backen.

Hefe- und Schmalzgebackenes, Krapfen und Marizzen sind überall im Rheinland sehr beliebt. Wenn Sie diesen Hefe-Platz backen, sollten Sie unbedingt rheinisches Apfelkraut dazu auftischen:

Rheinischer Platz
(Zubereitungszeit 2 Stunden)

1080 g Mehl,
200 g Zucker,
½ TL Salz,
30 g Hefe,
175 g weiche Butter,
1 l Milch, Zimmertemperatur,
Butter für die Form,
2 EL Semmelbrösel

1. Aus Mehl, Zucker, Salz, Butter, Hefe und Milch einen Teig bereiten. Gut durchkneten und an warmem Ort 1 Stunde gehen lassen.

2. Teig in zwei gebutterte, mit Semmelbröseln ausgestreute Backformen füllen.

3. In ca. 45 Minuten bei 200 Grad auf unterer Schiene im vorgeheizten Backofen abbacken. Im abgeschalteten Ofen noch 10 Minuten stehen lassen.

Tipp: Zum Verfeinern Rosinen oder geriebene Zitronen oder geriebene Zitronenschale in den Teig mischen.

Wolf Uecker (1921–1999). In: Deutschland – deine Küchen, AVA, München-Breitbrunn, 1988.

Blick auf Köln

Victor Hugo

Ich stieg auf den Rathausturm, und sah nun, unter einem grauen, düsteren Himmel, der völlig zu den Gebäuden ringsum und zu meinen Gedanken paßte, die ganze wunderbare Stadt zu meinen Füßen liegen.

Die Dächer sind aus Schiefer, dicht aneinander gedrängt, spitzschneidig wie gebrochene Kartenblätter; die Straßen sind eng, die Giebel hoch. Festungsgräben und Mauern aus Backstein, die überall hinter den Dächern auftauchen, umziehen die Stadt in einem ziegelroten Halbkreis und pressen sie wie ein breiter Gürtel mit Schnallen an den Fluß, talwärts mit dem »Türmchen«, bergwärts mit dem herrlichen Bayenturm, auf dessen Vorzinne sich ein marmorner Bischof erhebt, der den Rhein segnet. Vom Türmchen bis zum Bayenturm zeigt die Stadt stundenweit Fenster und Fassaden am ganzen Fluß entlang. Etwa in der Mitte dieser langen Zeile führt eine große Schiffsbrücke, anmutig gegen die Strömung hinausgerundet, über den hier sehr breiten Fluß und verbindet diese Unmasse schwarzer Häuser, Köln geheißen, mit der kleinen Gruppe weißer Häuser am jenseitigen Ufer, Deutz genannt.

Aus den dichtesten Häusermassen Kölns, aus all diesen Dächern, Türmchen und blumengeschmückten Dachfenstern steigen mit den verschiedenartigsten Spitzen siebenundzwanzig Kirchen empor, darunter, vom Dom abgesehen, vier majestätische romanische Kirchen, jede von anderer Zeichnung, jede dank ihrer Großartigkeit und Schönheit wert Kathedrale genannt zu werden; im Norden Sankt Martin, im Westen Sankt Gereon, im Süden Sankt Aposteln und im Osten Sankt Maria im Kapitol, alle wie ungeheure Verknotungen von Apsiden, Türmen und Türmchen.

Betrachtet man die Stadt genauer, so lebt und pulst alles darin, die Brücke schwankt unter Fußgängern und Wagen, der Strom ist voller Segel, am Ufer reihen sich die Masten. Die Gassen wimmeln, die Fenster plaudern, die Dächer tönen. Hie und da schmiegen sich grüne Baumkronen liebkosend an diese schwarzen Häuser, und die Steinbauten des 15. Jahrhunderts unterbrechen die Eintönigkeit der Schieferdächer und Backsteinfronten durch ihre langen Steinfriese mit Blumen, Früchten und Blattwerk, wo sich gerne die Tauben niederlassen.

Rings um dies große Gemeinwesen – eine Handelsstadt dank ihrer Emsigkeit, Festung dank ihrer Lage, Stadt der Seefahrer dank ihrem Fluß – dehnt sich nach allen Richtungen hin eine weite reiche Ebene aus, die stufenweise gen Holland zu absinkt, vom einen Ende zum andern vom Rheine durchschnitten und im Südosten gekrönt von den sieben historischen Hügeln, dem Siebengebirge, dieser wunderbaren Wiege von Überlieferungen und Legenden.

Und so stehen Holland und sein Handel, Deutschland und seine Poesie, gleichsam wie die beiden großen Erscheinungsformen des menschlichen Geistes, wie das Positive und das Ideale, am Horizont dieser Stadt, die selber eine Stadt des Handels und der Träume ist.

Victor Hugo (1802–1845). Aus: Der Rhein. Briefe an einen Freund, 2 Bde., Frankfurt/Main 1842.

Das Kölner Rathaus
Kupferstich 17. Jh.

Kapitel 2
Köln und die Kölner

An Köln

Georg Weerth

O Köln, du große Freudenstadt,
Was sag' ich noch zu deinem Ruhme?
Wie du geblüht im grauen Altertume,
So blühst du noch die schönste Blume,
Die je geblühet hat!

Dich preis ich, Königin, allein!
Der hohe Dom ist deine Krone!
Ha, wie es rauscht an deinem Uferthrone!
Die Völker bringt dir, jeder Zone,
Der rebengrüne Rhein.

Frohlockend grüßt dich ihr Gesang;
Und rascher schlägt den Schaum der Wellen
Der Schiffer, wenn in Tönen, wunderhellen,
Herab von Kirchen und Kapellen
Erklingt der Glocken Klang;

Wenn in der Abendsonne Strahl
Die buntbemalten Fenster sprühen,
Wenn rings die alten Gotenbögen glühen
Wie Laubgewinde, die erblühen
Mit Rosen ohne Zahl.

Still schreit' ich durch das graue Tor,
Dran hoch hinauf die Linden ragen;
Und prächtig steigt der Glanz aus fernen Tagen,
Der ganze Zauber deiner Sagen
Vor meinem Geist empor!

Hier ist's, wo Agrippinens Haar
Sich lockig um die Schläfen drückte,
Wo Karl Martell vom Kapitole blickte
Und wo das Schwert, das blut'ge, zückte
Durch der Normannen Schar!

Hier rief zu deiner Bürger Krieg
Das Horn in schauerlichen Klängen;
Hier sah man Panzer gegen Panzer drängen
Und deinen Overstolzen sprengen
Zum Tode und zum Sieg!

Hier schuf der Maler rüst'ge Hand
Ein Heer von schimmernden Gestalten;
Und dort sah man um Mitternacht den alten
Albertus Magnus Wache halten
Ob staub'gem Foliant!

Das war vordem! Auf ihr Gebein
Ist längst der Grabesstein gesunken.
Dein Banner weht daran; und freudetrunken
Sah ich erglühn eilf gold'ne Funken
Und dreier Kronen Schein!

So hat es einst auf langer Fahrt
Gewallt von deiner Hansa Masten,
Wenn Stürme wild die weißen Segel faßten
Und drauf in Golfen kam zu rasten
Die Flotte, bunt geschart.

Es sah die Welt zu ew'gem Ruhm
Stets deine Bürger es geleiten;
Drum, wie die Jahre wild verheerend schreiten,
Du stehest da, zu allen Zeiten
Ein schönes Heiligtum:

Wo Freiheit noch die Herzen schwellt
Und kühne Männer noch zu schauen;
Wo noch im Glanz von Augen, schwarz und blauen,
Die Schar der minniglichen Frauen
An echter Treue hält!

Ich singe noch; da lischt im Strom
Das Abendglühn. Um die verwehten
Kirchtürme schon die dunklen Schatten treten;
Ich eile, eh' es Nacht, zu beten
In deinem hohen Dom!

Julia Agrippina (15–59 n. Chr.): die Tochter des Germanicus und der Agrippina maior; veranlasste im Jahre 50 ihren Gemahl, Kaiser Claudius, ihren Geburtsort, das Oppidum Ubiorum, zur Colonia zu erheben (Colonia Claudia Ara Agrippinensis: Köln). Ließ ihren Mann 54 n. Chr. vergiften und ihren Sohn Nero zum Kaiser ausrufen / Karl Martell (um 689–741): der Hausmeier (seit 714) im Merowingerreich, der seit 737 allein herrschte und den Aufstieg der karolingischen Dynastie vorbereiten half / Overstolzen: eine Kölner Geschlechterfamilie, die zu den vornehmsten der Stadt gehörte / Albertus Magnus (um 1193–1280): ein scholastischer Gelehrter, der ab 1269 an der Universität Köln lehrte und u. a. die Werke des Aristoteles dem christlichen Abendland zugänglich machte; zu seinen Schülern gehörte Thomas von Aquin; 1931 heiliggesprochen (Tag: 15.11.) / Foliant: ein großes Buch im Folioformat; der Begriff Folio bezeichnet Formate mit einer Höhe zwischen 35 und 45 cm.

Der Bayenturm und das Bollwerk
Radierung von Wenzel Hollar, 1632/35

Georg Weerth (1821–1856)

Der Kölner Karneval

Aus einem Brief an
Johanna Schopenhauer

Köln, den 21.2.1826

Donnerstag vor Fastnacht begann das Fest. Das Abfeuern von elf Kanonen verkündet der Stadt schon gleich nach Mitternacht den Eintritt desselben und den freien Einzug der Torheit. Nachmittags um drei Uhr zog der Herr von Gestern, der Repräsentant der alten Zeit, ein und durch alle Straßen. Dreißig bis vierzig Wagen voll altmodischer Damen und Herren folgten ihm, dazwischen die wunderlichsten Karikaturen, die man sich denken kann. Auch sein Mobiliar brachte der Herr von Gestern, auf mehrere Wagen geladen, mit. Ein vier Fuß langes Klavier, mehrere ehrwürdige Perückenstöcke, die die jetzige verderbte Welt nur noch aus Traditionen kennt; altes Gerümpel aller Art, wunderlich geschnitze Schränke, Tische mit drei Beinen, Stühle mit einem; aber auch die großen schweren, über und über mit Eisen beschlagenen Geldkästen fehlten nicht, die die Kasse enthielten. Das Ganze bot den possierlichsten Anblick von der Welt und wurde von den Zuschauern mit Jubeln und Lachen empfangen.

In den folgenden Tagen zeigten einzelne Masken sich auf den Straßen, besonders viele sehr drollig aufgeputzte Kinder; an Arbeit und Geschäft dachte keine Seele, aller Handel löste in Wandel auf der Straße sich auf; wohin man sah, erblickte man fröhliche, lachende Gesichter, Scherz und Kurzweil waren überall an der Tagesordnung. Ein Geck, wie er selbst sich nannte, forderte in der Karnevalszeitung seine Kollegen auf, sich der Torheit, die doch jeder an sich habe, nicht zu schämen, sondern sie öffentlich zu zeigen; und nun fuhren am Sonntagnachmittag mehrere hundert, sonst recht anständige, geachtete Männer unmaskiert in ihrer gewöhnlichen Kleidung, aber die Narrenkappe auf dem Kopf, in Prozession durch die Stadt und dann über die Schiffsbrücke zum Kaffee nach Deutz. Gegen zehn Uhr abends zogen sie zu Fuß wieder über die Brücke zurück; jeder von ihnen trug eine aus vier Farben zusammengesetzte papierne Laterne vor sich her. Aus der Feme gab das eine Illumination, wie man sie sich nicht schöner denken kann. Es sah aus, als ob ein Meer von glühenden Riesenblumen sich über den dunklen Rheinstrom heranwälze; in der Nähe verlor der Anblick freilich viel von seinem zauberischen Glanz.

Montag morgens sah man auf dem sehr großen Neumarkt eine kolossale Narrenkappe sich erheben, einem Turm ähnlich, um dessen Außenseite eine Schneckentreppe sich wand. Von allen Türmen wurde gebeiert, so nennt man hier eine seltsame Art von Geläute, das bei allen Volksfesten üblich ist. Kanonen wurden gelöst, einzelne Masken erschienen und unterhielten, jede nach ihrer Art, das in dichtem Gedränge auf dem Markt herumwogende Volk; alle Fenster der benachbarten Häuser sowie die Straßen, durch die der Zug kommen sollte, waren mit Zuschauern dicht besetzt: ein lebensreicher, fröhlicher Anblick, wie nur irgendeiner in der Welt. Und doch ging alles vollkommen ruhig und friedlich ab, kein Schreien, kein Zank, auch nicht die mindeste Unordnung trat in die allgemeine Freude störend ein.

Endlich ließ die den Zug der alten Zeit begleitende Musik sich vernehmen, uralte Menuette, Murkis, Sarabanden, schöne Arien und Lieder, die unsere Ururgroßmütter gedudelt haben mögen. Zuerst erschienen die Kölner Funken, elf an der Zahl nebst Offizier und Korporal, als Leibgarde des Herrn von Gestern. Diese Funken sind eigentlich die alten Kölner Stadtsoldaten in der feuerroten Uniform, die vorzeiten die aller freien Reichsstädte war. Dann folgte der Herr von Gestern mit seinem ehrwürdigen Gefolge von alten Damen und Herren in altmodischen Staatswagen und allerlei Fuhrwerk aus der alten Zeit, von dem man kaum begreift, wie es noch zusammengebracht werden konnte. Geistliche und weltliche Trachten längst nicht mehr existierender Würden und Ämter, die ehemaligen hiesigen Bannerherren mit ihren Fähnlein, eine Menge Reiter in Zopfperücken, Ärzte und Gelehrte in ihrer ehemaligen, längst vergessenen Tracht machten die lange bunte Reihe noch bunter. Auf einem offenen Wagen sah man drei gewaltig pudernde und Zöpfe bindende Friseure in voller Arbeit; auf einem anderen sehr langen Fuhrwerk eine altmodische Schule: Der Schulmeister prügelte, die Schulmeisterin zankte, die Kinder lernten das Einmaleins und riefen frischweg, zwei mal zwei ist elf. Kinder unter den Zuschauern, die sich der ambulierenden Schule zu nahe wagten, wurden ohne Umstände hinaufgelangt, aber der echte Kölner Geist war in ihnen schon lebendig, sie ließen sich dadurch gar nicht in Verlegenheit setzen, nahmen Platz auf den Schulbänken und schrien lustig mit, zwei mal zwei macht elf.

Hanswurst kam auf einem kolossalen, über und über vergoldeten Schaukelpferd angeritten; einige Quacksalber und Marktschreier in ihren Buden, der Kapellmeister Radicati mit seinen Virtuosen, eine altmodische Küche, ein altmodisches, dinierendes Paar, eine altmodische Apotheke, und Gott weiß, was alles noch, zogen vorüber; auch ein Maler aus der alten Zeit, eine auffallend schöne Maske; ganz zuletzt der ehemalige hinkende Bote; dieser fuhr auf einer Schleife und teilte links und rechts kleine, sehr possierliche Kalender aus.

So zog der Zug, während seine Musik in allerlei veralteten Melodien sich gar anmutig hören ließ, rings um den Markt und stellte dann neben der großen Narrenkappe sich in Reih und Glied. Eine lustige Galoppadenmusik ließ sich von der anderen Seite her hören, und heranzog mit seinem glänzenden Gefolge der Repräsentant der neuen Zeit, der Herr von Heute, ihm voran seine Leibgarde, ein Korps Damen zu Pferde mit riesig großen Locken und Hüten, wie sie eben Mode sind, auf Trompeten und anderen Blechinstrumenten blasend. Ein Heer höchst moderner Elegants folgte ihm.

Dann zog das Dampfschiff vorüber, das im vergangenen Sommer im Bingerloch steckengeblieben war; es war noch immer nicht recht aus demselben wieder hinaus und mußte alle zehn Schritte haltmachen; eine Menge Harlekins flogen umher und suchten ihm weiterzuhelfen; und hinterdrein folgten, ganz trübselig auf Eseln reitend, elf der mit dem Schiffe damals gestrandeten Passagiere. Dann kam die hiesige Volksbühne, »Dat Hansecken« genannt, eigentlich ein sehr vorzügliches Marionettentheater; auch das neue Kölner Schauspielhaus, an dem eben gebaut wird, zog vorüber. Ein Wechselcomptoir folgte, die Kasse der neuen Zeit mit Papieren, einem kolossalen Silbergroschen und einer Riesengestalt mit einem großen roten Schild beladen. Der indische Jongleur war auch mit im Zuge; die Giraffe, die in Paris soviel Aufsehen erregt, mehrere

Taschenspieler, der Maler der neueren Zeit, Engländerinnen und Engländer in Menge, Franzosen, Italiener, die neuen Griechen, die nach dem Willen ihres Kaisers modernisierten Türken, zuletzt noch viele Personen aus den neuesten Schau-, Lust- und Trauerspielen und den neuesten Opern. Das alles und noch viel mehr zog unter dem Klange neuer Tänze und Karnevalslieder rings um den Markt, stellte sich dann dem Zug der alten Zeit gegenüber; Harlekin bestieg seinen thronartigen Sitz oben auf der großen Narrenkappe, und die Verhandlungen zwischen den beiden streitenden Parteien begannen mit komischer Feierlichkeit und humoristischem Ernst.

So ging der fast unabsehbar lange Zug nun in bunter Verworrenheit durch die ganze Stadt, und alle Welt zog ihm nach, oder suchte, durch Gäßchen und Gänge den Weg nehmend, ihm in einer anderen Straße wieder zu begegnen. Die Masken im Zuge wurden immer lustiger und gesprächiger, sie redeten Bekannte und Unbekannte, die ihnen in den Weg kamen, im Geiste ihrer Rolle an und erhielten meistens passende Antworten. Jedes Wort wurde ein Maskenscherz, die ganze Stadt der Schauplatz einer großen, improvisierten Komödie, von vielen tausend Mitspielern aus dem Stegreif aufgeführt.

Abends war im Gürzenich der große Faschingsball. Zweiundsiebzig Kronleuchter und eine Unzahl an den Wänden angebrachter Lampen verbreiteten Tageshelle in dem ungeheuren Saale, in dem zwischen drei- und viertausend Personen herumwogten. Um neun Uhr wurde der Saal geöffnet, vor ein Uhr aber war an kein Tanzen zu denken, so groß war das Gedränge. Die Wände waren mit Blumengewinden, mit grünen Girlanden und Festons sehr geschmackvoll dekoriert, dazwischen waren leichte, aber mit Geist gemalte Wandgemälde angebracht, die meistens auf das diesjährige Maskenfest sich bezogen und also nur für diesen einzigen Abend berechnet sein konnten. Die beiden auf zwei Galerien verteilten Musikchöre der alten und neuen Zeit ließen abwechselnd sich hören und wetteiferten miteinander, jeder auf seine ihm eigentümliche Weise, um die Ehre des Tages. Der Kölner Karnevalswalzer wurde aufgeführt, er ist mit einem Chor verbunden, in dem auf eine merkwürdige Art gelacht, geniest, gepfiffen, gehustet, pst, pst gerufen wird; viele unter den Masken stimmten zur allgemeinen Lust in den Chor mit ein.

Narrenkappen sah man unzählige, Dominos, Tabarros und Fledermäuse ebenfalls; der größte Teil der Gesellschaft aber zeigte sich unmaskiert, gewöhnlich und einfach gekleidet. Im Verhältnis zu der Anzahl der Anwesenden war die der eigentlichen Charaktermasken nicht groß, aber die meisten von diesen führten ihre Rolle mit vieler Lebendigkeit durch. Ich hörte in allen Ecken die Späße, die sie vorbrachten, laut belachen und lachte mit, obgleich ich wenig davon verstand, da sie größtenteils zu lokal waren, um einem Fremden recht begreiflich zu werden; auch wurde vieles im kölnischen Volksdialekt vorgebracht, in dem das an sich Komische noch komischer klingt, aber dem Fremden zugleich auch unverständlicher wird.

Dienstags, dem eigentlichen Fastnachtsabend, tanzt alles vom Morgen bis in die Nacht oder läuft maskiert in den Straßen umher. Kleine Maskenzüge zeigen sich, doch hat die Anzahl derselben gegen ehemals sehr abgenommen, seitdem der große feierliche Zug alle Welt beschäftigt. Dabei wird nach Möglichkeit viel gegessen und getrunken, besonders eine Art Backwerk, Mutzen genannt, das nur während dieser festlichen Zeit zu haben ist. Mutzen und Wein stehen in allen Familien zum Empfange der sich einstellenden, oft maskierten Gäste bereit; denn an diesem Tag gehen kleine maskierte Gesellschaften in die Häuser ihrer Bekannten, treiben dort allerlei Späße und ziehen oft unerkannt wieder ab, um in einem anderen Hause auf die nämliche Weise ihr Wesen zu treiben.

Nachmittags fährt man Birutschen. Wie in Rom auf dem Korso zieht eine unendliche Reihe meist offner Wagen, mit maskierten und unmaskierten Damen und Herrn angefüllt, durch gewisse dazu bestimmte Straßen. Aus allen Fenstern blicken Zuschauer und Zuschauerinnen auf den langsam durch die gaffende und jubelnde Volksmenge sich hinbewegenden Zug. Wie in Rom sind auch in Köln die Kutscher und Bedienten zuweilen auf groteske Weise maskiert, denn an diesem Tage hört aller Dienstzwang auf. Und doch entsteht keine die öffentliche Freude störende Unordnung, kein Zank, keine Schlägerei, und unerachtet des unglaublichen Gedränges in den Straßen hört man nie von durch Pferde oder Wagen veranlaßten Unglücksfällen. Das Volk übt hier selbst die Polizei und hütet sich vor Unfällen. Unsäglicher, harmloser Mutwillen wird während dieser Fahrt sowohl von den Fahrenden als auch von den Zuschauern getrieben; man drängt sich an die Wagen heran, Spottreden werden mit ähnlichen beantwortet, kleine Maskenpartien zu Pferd und Wagen mischen sich unter die Reihe, überall regnet es Erbsen und gipserne Konfetti zu den Wagen herein und wieder aus diesen heraus; je toller je besser, ist die allgemeine Losung.

So währt das fort, bis die tiefere Abenddämmerung eintritt, dann wird es in den Straßen eine Weile still, bald aber geht der Lärm ärger wieder los als zuvor. Die Leute laufen mit Lichterchen umher, die sie einander auszublasen versuchen; das Schießen, Toben, Lachen, Jubeln, Pfeifen und Schwirren in allen Ecken der Stadt nimmt kein Ende, bis die Glocke die Mitternacht und zugleich das Ende des Festes der Torheit verkündet.

Der ernste Aschermittwoch war nun hereingebrochen, die Leute liefen in die Kirchen, aber das innere Zerknirschung und Büßfertigkeit andeutende Kreuz von geheiligter Asche wollte auf den Geckenstirnen nicht recht haften. Die Masken waren beseitigt, aber die Maskenspäße noch nicht. Den ganzen Vormittag wurde noch allerlei Kurzweil ziemlich öffentlich getrieben. Mit einem Mal verbreitete sich das Gerücht, im Theater sei etwas zu sehen; lachend lief alle Welt hin, die schönste beau monde nahm auf der Galerie Platz; das ganze, nur mit zwei Lichtstümpfchen erleuchtete Haus war zum Erdrücken voll; jeder lachte sich selbst wie seinen Nachbar recht herzlich aus, und zwischen dem Parterre und den hinter dem Theatervorhang anwesenden Schauspielerdilettanten entstand ein lustiges Hinüber- und Herüberreden. Der Vorhang wurde eine Elle hoch aufgezogen; auf der Bühne wurden viele Beine sichtbar, dann fiel er wieder; der erste Akt war aus.

Endlich wurde der Vorhang ganz aufgezogen, einige junge Männer aus der Stadt improvisierten ein auf die zu erwartende Darstellung vorbereitendes Vorspiel, in welches sich die Zuschauer mit allerlei lustigen und witzigen Zwischenreden mischten. Nun folgten sehr belustigende Parodien einiger während der Faschingszeit in Köln gegebener Schaustellungen fremder Künstler. Diesen Parodien folgte endlich das eigentliche Stück. Ein Kapellmeister suchte taugliche Subjekte, Presto, Allegro und Adagio hießen seine Gehilfen, Dissonanz sein erster Tenorist. Es war eine für den Augenblick wohlberechnete Posse; über all diese theatralischen Exzesse kam endlich die Stunde des Mittagessens herbei, und alle Welt ging lachend und wohlbefriedigt nach Hause.

Nachmittags zog alles zu der berühmten Kaffeevisite, die alljährlich dem Schluß der Faschingsfreuden gleichsam das Siegel aufdrückt. In einem hiesigen Gasthof versammelt sich nämlich alle Sonntage nachmittags eine sehr zahlreiche Gesellschaft zum Kaffeetrinken, auch Damen sind dabei, obgleich Wolken von Tabakrauch die Luft verfinstern. Die eigentliche elegante Welt aber nimmt nur an diesem einzigen Tag im ganzen Jahr an diesem bescheidenen Vergnügen teil, dann aber werden die Räume auch so überfüllt, daß niemand sich regen kann; doch je größer das Gedränge, desto größer ist die Lust.

Zu guter Letzt erschien noch als Nachzügler ein Blatt der Karnevalszeitung voll witziger und scherzhafter Anzeigen, die aber größtenteils nur den eigentlichen Einwohnern von Köln ganz verständlich sein können, indem sie größtenteils auf Stadtanekdoten sich beziehen, von denen ein Fremder wenig erfährt.

Für die Kinder wurde während des Karnevals von Zeit zu Zeit ein Eselsreiten
veranstaltet und zwar in Kostümen.

Lithographie aus: Das Festliche Jahr von O. Frhr. von Reinsberg-Düringsfeld, Leipzig 1863.

Fuß: ein von dem menschlichen Fuß abgeleitetes Längenmaß (zwischen 0,25 und 0,34 m) / Illumination: Festbeleuchtung / beiern: mit dem Klöppel läuten / Murki: eine kurze muntere Tanzweise, im 18. Jahrhundert einem offenbar bäuerlichen Tanz aus Süddeutschland entlehnt / Sarabande: altspanischer Volkstanz im langsamen Dreivierteltakt / ambulierend: wandernd, beweglich / dinieren (franz.): zu Mittag essen, speisen / Schleife: Schlitten; Fahrzeug zum Schleifen von Holzstämmen / Galoppadenmusik: ein um 1824 aufkommender Rundtanz, auch Hopser genannt / Elegant: Stutzer / Wechselcomptoir: Wechselschalter einer Bank / improvisieren: etwas aus dem Stegreif sagen, tun / Feston (franz.): Blumen-, Laubgewinde / Tabarro (ital.): eine Art langer, weiter Mantel / Birutsche oder Barutsche (ital.): Zweiradwagen / beau monde (franz.): die vornehme Welt

Alaaf Kölle!

Vun alle Städte no un fähn
Eß Köllen doch de Kruhn,
Dröm singk en Äch' kölsch' Kind imm gähn
E Lehd zom Ehreluhn.
Förwor, e Völkche lääv dorenn,
Dat wacker un aläät,
Met gohdem, däfd'gen, dütsche Senn,
Dä wähl des Lovvens wääth.

Aan Joren alt, doch jung aan Kraff,
Steit stolz et do mem Dom,
Dä Rhing dä dröck met Loß sich av
Dat Bild vun dütsche Rom.
Su flüüß hä bahl zweidausend Jor
Voll Lehv aan singer Sick,
Dann Zeuge wor'ä, dat a klor,
Sich hehl en all der Zick.

»Halt faß, halt faß, doo kölschen Boor!«
Dä Wahlsproch nom et sich,
Un fall et söhß, ov fall et soor,
Bliev noor beim dütsche Rich!
Un treu bis op den hück'gen Daag
Blevv demm dä kölschen Boor;
Dröm, söheht eer Senn för'n dütsche Saach,
Dann kutt no Kölle noor.

54

Noch eimol weed et dröm gesaat:
Köll'n eß der Ehre wääth;
Un hät et ens dä Dom gemaat,
Dann eß't dä dütschen Hääd.
Dat unsen Dom ens fadig weed,
Dovör eß meer nit bang,
Dann wat uns Ahle kunnte, seet,
Dat brängk mer och zo Gang.

Dä Appel fällt nit wick vum Baum,
Dä Son eß we dä Vah,
Su we de Milch su eß de Raum,
Dröm han ich Rääch, aha!
Mer weiß wann Zick zo jucksen eß,
Doch gilt et su en Saach,
Dann zeig dä kölschen Boor geweß,
Dat hä vum ahle Schlaag.

Dröm lovven ich de Kölsche meer
Met ehrem löst'gen Bloht!
Se sin en Nuht we en Pläsehr
Oprichdig, treu un goht.
Nicks Koddes kütt en ehre Senn,
Eer Hätz litt op der Zung,
Dröm freuen ich mich, dat ich ben
'nen ächte kölsche Jung!

alaaf: hoch, es lebe, es blühe und gedeihe / fahn: fern / gähn: gerne / lääv: lebt / aläät: munter, frisch / däfd'gen: tüchtigem, gediegenem / des Lovvens wääth: des Löbens wet / met Loß: mit Lust / Sick: Seite / Zick: Zeit / Boor: Bauer in der alten Bedeutung von Bürger; eigentlich Nachbar / söhß: süß / soor: sauer / kutt: kommt / seet: seht / dat brängk mer: das bringen wir / wick: weit / Vah: Vater / Raum: Rahm / jucksen: spaßen, scherzen / Nuht: Not, Notzeit / Pläsehr: Freude / oprichtig: aufrichtig / Koddes: Böses / Hätz: Herz

Kölner Karneval 1844, Lithographie aus: Das Festliche Jahr, Leipzig 1863

Aus: Germaniens Völkerstimmen. Sammlung der deutschen Mundarten in Dichtungen, Sagen, Märchen, Volksliedern usw., Bd. 1, 3 Bde., Berlin 1843–67.

Kölner Karneval

Johann Wolfgang von Goethe

E s ist in artiger Zufall, daß in dem Augenblick, da wir von dem tüchtigsten, großartigsten Werk, das vielleicht je mit folgerechtem Kunstverstand auf Erden gegründet
worden, dem Dom zu Cöln gesprochen, wir sogleich des leichtesten, flüchtigsten, au-
genblicklichst vorüberrauschenden Ereignisses einer frohen Laune, des Karnevals in
Cöln mit einigen Worten zu gedenken veranlaßt sind. Warum man aber doch von beiden zugleich reden darf, ist, daß jedes, sich selbst gleich, sich in seinem Charakter orga-
nisch abschließt, ungeheuer und winzig, wenn man will, wie Elefant undAmeise, beide
lebendige Wesen und in diesem Sinne nebeneinander zu betrachten, als Masse sich in
die Luft erhebend, als Beweglichkeit an dem Fuße wimmelnd ...

Johann Wolfgang von Goethe (1749–1832). Aus: Über Kunst und Alterthum, Bd. 5, Stuttgart 1824.

Köln, ein Narrenhaus
Max Eyth

V or vierzehn Tagen telegraphierte mein begeisterter Freund Dietrich, daß er mich in Bonn besuchen wollte, um sich an meinem Anblick zu ergötzen. Um ihn nicht zu weit aus seiner Richtung zu ziehen, bestellte ich ihn auf den Kölner Bahnhof, von wo aus wir in das Karnevalsgetümmel des Rosenmontags stürzten. Ein unglaubliches Bild, wenn sich eine ganze Stadt in ein fideles Narrenhaus verwandelt. Am Ergreifendsten erschien mir, als es Nacht geworden war, die Szene vor dem Dom: ein buntes Gewimmel jubelnder, schreiender Masken der tollsten Art und darüber die ernsten, stillen Türme des riesigen Bauwerks im Mondenschein. Wenn man bedenkt, daß es diese halb trunkenen, schreienden Narren waren, die den prachtvollen Bau ersonnen und aufgebaut haben, darf man mit diesen Gegensätzen vor Augen an der Menschheit verzweifeln?

Ich war infolge einer Einladung in Bonn gezwungen, Dietrich, dessen Berliner Zug erst um zehn Uhr abging, im Gedräng zu verlassen. Er schrieb mir gestern, wie es ihm ergangen sei: wie ihn ein Krokodil am Arm genommen und in ein feines Haus geführt habe, wo er an einer Tafelrunde von männlichen und weiblichen Krokodilen eine herrliche Stunde verleben durfte, wie er sodann mit seinem neuen Freund vom Nil die Nacht durch von Haus zu Haus gezogen, überall gastlich aufgenommen und schließlich um ein Zwanzigmarkstück angepumpt worden sei. Natürlich hatte er seine beabsichtigte Abfahrt verschoben. Mit schwerem Kopf saß er deshalb in der Morgendämmerung in dem Eisenbahnwagen eines Frühzugs und hatte den größten Teil seines Abenteuers, einschließlich des Zwanzigmarkstücks, vergessen, als er einen elegant gekleideten Herrn auf dem Bahnsteig bemerkte, der sichtlich angstvoll am Zug auf und ab lief und ein Goldstück in die Höhe hielt. Der Herr war das gewissenhafte Krokodil von gestern.

Wie gründlich am Rhein Karnevalspflichten erfüllt werden, schilderte mir vor einigen Tagen mein Freund Guilleaume, der große Drahtseilfabrikant von Köln. Einer seiner besten Drahtseilspinner kam drei Tage nach Aschermittwoch noch nicht ins Geschäft. Dies war etwas lang, auch für den qualvollsten Kater. Man schickte schließlich nach ihm; aber nur seine Frau erschien und bat, wenn man ihren Mann brauche, um Vorschuß. Denn er könne nicht kommen; er habe seine Kleider versetzt, um den Karneval mitzumachen. Aber, Donnerwetter, bemerkte der Fabrikdirektor, wie konnte er auf den Karneval gehen, ohne Kleider? »Ja, verzeihen Sie«, erklärte die Frau, »er hatte die meinen an.«

Max Eyth (1836–1906). In: Im Strom unserer Zeit. Aus den Briefen eines Ingenieurs,
Heidelberg 1904–1905. Titelformulierung des Herausgebers.

Vom Ursprung des Karnevals

Jacob Kemp

Volksfeste pflegen sich mit ihrem Ursprung in graue Zeiten zu verlieren; denn der Volksgeist ist konservativ und hält mit zäher Beharrlichkeit an alten liebgewonnenen Gewohnheiten fest. Man hat auch den Karneval weit zurückdatiert. Sicherlich mischt sich Heidnisches und Christliches in diesem Fest. Isis Nerthus wurde mit Beginn des Frühlings auf einem Schiffswagen carrus navalis, car naval über Land und Wasser geführt. Noch um 1133 baut ein Bauer bei Kornelimünster ein Schiff, das auf Rädern ruhte und von Webern über Land gezogen wurde. Wie man vermutet, solltees in das an der Mündung der Schelde gelegene Heligtum der Nehalennia gebracht werden, deren Kult mit dem der Nerthus verwandt ist. Männer und Frauen mit flatterndem Haar und losem Gewand umtanzten das Schiff während der Fahrt.

Ein Verschmelzen von heidnischen Frühlingsbräuchen mit dem christlichen Kultus zeigt am deutlichsten das Vermummen zur Fastnacht. Dieses Verstecken seiner Person in fremder Maske war bei den Römern an den Saturnalien und Luperkalien, bei den Germanen besonders an den Zwölf- oder Rauhnächten, die dem Jubelfest vorausgingen, im Schwange. Man deutet es daher, daß man zu Beginn des Frühlings ein großes Reinigungsfest abhielt, an dem man die bösen Geister, besonders den Winter, die todbringende Jahreszeit, austrieb, weshalb noch heute in manchen Gegenden eine symbolische Figur zur Fastnacht vor den Ort geschafft, verbrannt, ins Wasser geworfen oder in die Nachbargemarkung überführt wird. Um sich vor den Dämonen unkenntlich zu machen und mit der unheimlichen Gesellschaft besser auszukommen, steckte man sich in möglichst grausige Larven. Nun ist auch der ursprüngliche Zweck des Fastens nur der, den Geistern, die den Menschen auflauern, durch Speise und Trank keinen Eintritt ins Innere des menschlichen Leibes zu gewähren. Die altheidnische Frühlingssitte heftete sich eigentlich recht zwanglos an die große Fastenzeit, die Ostern, also das Frühlingsfest der christlichen Kirche, einzuleiten pflegt.

Und so war denn die Fastnacht, wie Grimm schreibt, »die letzte dort ausgenossene Freizeit vor dem Beginn der Faste«.

Das Kölner Eidbuch vom 5. März 1341 verpflichtet die Ratsherren »zu vastavende zu geinre geselschaft volleyst von der stede gude«, daß also die Abhaltung von Ratsessen sonderlich zur Fasnacht unterbleiben solle. Bei ihren geringen Einkünften suchten nämlich die Ratspersonen sich für ihre Müheleistungen in möglichst zahlreichen und prunkvollen Essen auf Stadtkosten ein Äquivalent zu schaffen.

Noch um zwei Jahrhunderte später versichert der Verfasser der Zimmerischen Chronik, Graf Froben Christof von Zimmern (1519 1567), daß die reichen Bürger zu Köln in der Fastnacht große Bankette abhalten. Er schildert mit ziemlicher Ausführlichkeit, wie er auf Zureden seines lustigen Gesellen, des Grafen Christof von Gleichen, mitsamt seinem Bruder und ihrem Präzeptor auf die Mummerei gegangen ist. Sie warfen sich in die Maske eines Voglers: grüne Hosen, kurze Röcke, grüne Hüte. Nach Mitternacht zogen sie mit »stiller musica« über die Gassen zu dem »reichsten unter aller burgerschaft«, einem Herrn Wasserfass. Hier werden sie mit aller Gastlichkeit aufgenommen und haben Muße, das kostbare Silbergeschirr zu bewundern, das bei den meisten Fürsten nicht in solcher Menge gefunden wird. Nachdem man sich beim Tanz sattsam amüsiert hat, lassen sich Damen und Herren an einer langen Tafel zum Schmause nieder. Dabei wurde Wildbret, Federvieh, Konfekt, Obst und sonstige Leckerbissen nicht gespart. Bei gutem Wein und Bier, trefflicher Musik und freundlichem Gespräch bleibt man bis gegen Morgen 4 Uhr zusammen. Nach Mitternacht wird das Fleisch nicht mehr angerührt. Nur Wildbret scheint man nicht ins Fastengebot einbezogen zu haben; den Fasanen, gebratenen Rehschlegeln, Hasel- und Feldhühnern sowie den Wildbretpasteten wird noch wacker zugesprochen. Unser Gewährsmann deutet das dahin: »dieweil nichts warm ward ufgesetzt, war es die fasten nit gebrochen« und beteuert: »Ich möcht noch alle tag also fasten«.

Jacob Kemp (Ende 19. Jh). Aus: Zur Geschichte der Kölner Fastnacht. In: Heft IV der Zeitschrift für rheinische und westfälische Volkskunde, Elberfeld 1906. Titelformulierung des Herausgebers.

Masken und bunte Kostüme

Wilhelm Walter

Ein Geschichtsschreiber erzählt: »Der Hang zum Maskieren war ein wesentlicher Charakterzug seiner Bewohner. Man hat Köln in dieser Hinsicht sehr richtig das Venedig von Deutschland genannt.«

In den Ratsprotokollen von 1432 finden sich nun Verfügungen, durch welche die Fastnachts Mummereien (Verkleidungen) in einer höchst feierlichen Form den Bürgern untersagt wurden; das Verbot hob aber keineswegs die Fastnachts Lustbarkeiten selbst auf, sondern nur die öffentlichen Vermummungen, weil freche Menschen, heißt es in den betreffenden Aktenstücken, unter dieser Form Geld und Speisen zusammengebettelt und oft gewaltsam erpreßt hätten. Die öffentlichen Umzüge der Verkleideten ohne Gesichtsmaske und alle sonstigen Lustbarkeiten, denen sich später die Vermummungen wieder zugesellten, hatten ihren Fortgang und gaben den Behörden fast zweihundert Jahre hindurch keine Veranlassung zu irgendeinem neuen Bedenken. Im 16. und 17. Jahrhundert dagegen, als kirchliche und bürgerliche Wirren zu Köln einen sehr hohen Grad erreicht hatten, erließ der Kölner Senat, dem nichts anstößger war als Antastung der katholischen Religion, mehrere rasch aufeinanderfolgende Verbote, welche aber, wie die früheren, nicht die Feier selbst, sondern nur einige Vorkommnisse bei derselben, freilich auch ohne sonderlichen Erfolg, zu unterdrücken suchten. Die erlassenen Verbote haben nichts anderes im Auge, als die Anwendung von Mönchs und Nonnen Trachten bei der Darstellung der menschlichen Lächerlichkeiten zu verhindern. So heißt es in einem der letzten Verbote namentlich, »es sei wider die heilige Religion, in geistlicher, Mönchs und Nonnen Kleidung öffentlich Unfug zur Schau zu stellen, ein leichtfertiges Spiel von Gesindel, welches sich gröblich gegen den allerhöchsten Schöpfer und seine Nebenmenschen versündige«.

Es vergingen nun viele Jahre, während derer kein Verbot erlassen wurde; vielleicht war auch kein Anlaß dazu vorhanden. Erst 1750 erschien ein Verbot, welches, um Unglücksfälle zu verhüten, das Umhertreiben während der Nachtzeit untersagte. Ein anderes vom Jahre 1759, im siebenjährigen Krieg, als die Franzosen in Köln waren, suchte zu verhindern, daß unter der Verkleidung Spione sich einschleichen könnten, weshalb man das Maskentragen nicht gestattete. Im übrigen wurde dem heiteren Treiben kein Hindernis in den Weg gelegt. Bald aber kam für Köln und seinen Karneval eine ganz andere, recht traurige Zeit. Nachdem die Franzosen, die am 6. Oktober 1794 in Köln eingerückt waren, sich da einigermaßen festgesetzt hatten, beschlossen sie, unserem Karneval mit Kraft auf den Leib zu rücken. Sie glaubten nämlich, es stehe der Karneval unter dem Einfluß, sogar unter der Leitung der Aristokratie. Damit nun, wie sie sich ausdrückten, »die aristokratische Bande nicht unter der Fastnachtsmaske der Republik gefährlich werden könne«, verboten sie 1795 alle Verkleidungen während der Fastnachtstage. Trotz dieser Beschränkungen feierten dennoch die Kölner ihren Karneval. Bälle wurden gehalten, und Lustbarkeiten verschiedener Art, da sie nicht öffentlich stattfinden durften, wurden in namhafte Gasthöfe verlegt.

Im Jahre 1801 erschien ein von Paris kommendes Dekret, welches den Karneval zu feiern wieder zuließ. Der früher so gern gesehene und beliebt gewordene Bellegeck durfte wieder umhertanzen, singen und betteln infolge einer Erlaubnis des Platzkommandanten, welche an den Straßenecken angeheftet war und also lautete: Il est permis au citoyen Bellegeck de faire son tour.

Der Frohsinn, seiner Fesseln entledigt, erschien wieder in all den heiteren Formen, durch welche das Kölner Volksfest seit vielen Jahren ebenso geachtet als geliebt worden war. Kurz nach Erscheinen des erwähnten Dekrets ließen sich über zwölfhundert Masken für die Züge einschreiben, und so war es möglich geworden, daß wieder wie ehedem ganze Reihen bunt und phantastisch verkleideter Personen die Straßen unserer Stadt durchziehen konnten. Seitdem erfolgte kein weiteres Verbot mehr. 1812 nahm sogar die ganze französische Besatzung an dem Festzug teil.

Wilhelm Walter (19. Jh). Der Carneval in Köln von den ältesten Zeiten bis zum Jahre 1873, Köln 1873. Titelformulierung des Herausgebers.

Muuzemandeln
und Bellegeck
Wilhelm Walter

E s lag im Gemüt des alten Kölners, Gastfreundschaft in ausgedehntem Maße zu üben. Diese löbliche Eigenschaft zeigte sich besonders an den Karnevalstagen. Um dieses fröhliche Fest mit begehen zu helfen, wurden selbst entfernt wohnende Verwandte und nahe Bekannte dazu freundlichst eingeladen. Und wenn dann »de Groß« (Großmutter), »de God« (Taufpatin), »dä Ühm« (Oheim), »de Möhn« (Tante) und nicht selten der geistliche Herr Vetter sich einfanden, so wurden diese auch bei Nachbarn oder guten Freunden herzlich willkommen geheißen und bestens bewirtet, unter anderem auch mit jenen »Muuze und Muuzemändelche«, einem hier sehr bekannten Backwerk, das man bei Kaffee und Wein aß und noch ißt.

Die Vorfeier des Karnevals begann mit der sogenannten Weiberfastnacht am Donnerstag vor demselben. Dann herrschte die ganz eigentümliche Sitte, daß Frauen und Mädchen sich untereinander die Hauben abrissen, was man »Mötzenbestohl« nannte.

Nachmittags bewegte sich der »Bellegeck«, eine echt kölnische Maske, mit vielen Schellen behängt, in den Straßen herum. In der Rechten eine Pritsche und in der Linken einen Apfel oder eine Zitrone haltend, und begleitet von zwei Musikanten zog er durch die Straßen der Stadt und sagte Sprüche vor den Häusern der Reichen, welche ihm dafür ein Trinkgeld gaben.

Kam nun der Abend vor Fastnachtssonntag, so wurde vom Portal des Rathauses die Maskenfreiheit feierlich proklamiert, und von jetzt an begann das tolle Treiben auf allen Straßen und Gassen der Stadt drei Tage hindurch.

Die drei Tage, die dem Aschermittwoch vorhergehen, sind die Zeit, wo die Fastnachtsko-mödie spielt; die Akteure sind aus allen Klassen, alle Alter beiderlei Geschlechts. Der Schauplatz ist die ganze Stadt, in ihren Häusern, auf ihren Straßen, auf ihren Plätzen und auch auf ihren Bällen.

Das ganze Volk ist in diesen Tagen so laut wie es das ganze Jahr hindurch still, so offen und mitteilend wie es verschlossen war. Und der müßte sehr teilnahmslos sein, den der allge-meine Schwindel nicht an einem dieser Tage ergriffe. Am Sonntag eröffnen die Kinder die Fastnachtsmummerei durch die Straßen der Stadt; am Montag erscheinen die Erwachse-nen zu Fuß, zu Pferde und zu Wagen, einzeln oder in Gesellschaft. Oft begleitet sie Musik, bisweilen Gesang. Der Mittelpunkt dieses unaufhörlich sich erneuernden Schauspiels ist in einem der gangbarsten Teile der Stadt, der Hohen Straße, und von dort nach dem Alter Markt hinab, welcher der kölnische Marcusplatz ist. Alle Fenster sind offen und mit Köp-fen besetzt; die Zuschauer drängen sich zu beiden Seiten der Häuser, andere fahren im Schritt durch die Straßen, grüßen und werden gegrüßt, und nach und nach mag vielleicht die ganze Bevölkerung der Stadt in den drei Tagen diese Gegend berühren. Allenthalben wird gelacht und gejauchzt.

Wilhelm Walter (19. Jh). Der Carneval in Köln von den ältesten Zeiten bis zum Jahre 1873,
Köln 1873. Titelformulierung des Herausgebers.

Vom Prinzen Karneval

Anton Fahne

1823 begann für das Fest eine neue Ära und es erhielt einen bedeutenden Zuwachs durch die Komitees und General Versammlungen. Nun versammelte sich ab November der kleine Rat (das festordnende Komitee) wöchentlich einmal, um die Vorbereitungen zum Fest zu treffen. Neujahrstag beginnen die General Versammlungen.

Das Programm zum Festzug erscheint acht Tage vor Fastnachts Sonntag. Donnerstag vor Fastnacht beginnt ein Vorspiel, gewöhnlich den Einzug einzelner Maskengruppen darstellend, die in dem Sinn der Idee des Hauptzuges handelnd auftreten. Fastnachts Sonntag ist, seit 1828, Kappenfahrt, d. h. alle Karnevals Freunde ziehen zu Wagen und Roß in endloser Reihe, die Kappe auf dem Kopf durch die Stadt, gewöhnlich in drei Abteilungen, jede mit einem Musikchor von dreißig Instrumenten an der Spitze. Montag Morgen 10 Uhr beginnt der große Zug vom Neumarkt aus. Abends ist die offizielle Maskenredoute (in der letzten Zeit stets auf dem Gürzenich), Dienstag Morgen 11 Uhr närrisches Theater, Picknick, Konzert etc., abends Maskenball im Theater. Aschermittwoch großes Narren Essen.

Bei allen General Versammlungen gilt als feste Regel, daß kein Anwesender die dreifarbige rot grün gelbe Narrenmütze vom Kopf nehmen darf. Damit das »Gleiche Brüder, gleiche Kappen« nicht einen Augenblick in Vergessenheit komme und daß jeder dem Ruf der Pritsche Folge leisten mag.

Im Jahre 1823 stellte das Fest die Wiederherstellung des Regiments vom Helden (Prinzen) Karneval dar und der Zug seine Thronbesteigung und Huldigung. Der Karneval wurde personifiziert und als ein lustiger Held eingeführt, der die Erbärmlichkeiten des gewöhnlichen Lebens mit der Pritsche glorreich zu besiegen weiß. Es wurde beschlossen, dieses in einem großen Zug darzustellen und die kleineren in der Art dazu zu verwenden, daß sie die Idee des Ganzen unterstützen und verwirklichen helfen.

Der erste Rosenmontagszug

Wilhelm Walter

Am Fastnachts Montag 1823 versammelte man sich in der Nähe des Kaiserlichen Hofes auf der Breite Straße und zog durch die Apostelnstraße nach dem Neumarkt, wo ein prachtvoller Thron errichtet war.

Als ihn der später erschienene Held Karneval eingenommen hatte, wurde ihm von einer Deputation geachteter Bürger der Ehrenwein gereicht. Während dieser Zeremonie donnerten die Böller, und ein gewaltiger Jubelruf erscholl auf dem Neumarkt und den umliegenden Straßen.

Der Zug begann in der vorgeschriebenen Ordnung. Ihm ritt voran, den altkölnischen Bannerherrn darstellend, ein noch sehr junger Herr im rotsamtnen Wappenrock, mit einem Hut, auf welchem bunte Federn lustig umherflatterten. In seiner Rechten trug er eine sei-

Anton Fahne (19. Jh.). In: Der Carneval. Ein Beitrag zur Kirchen- und Sittengeschichte, Köln und Bonn 1854. Titelformulierung des Herausgebers.

dene Fahne, reich bemalt mit Narrenmützen in den verschiedenartigsten Formen, mit Lorbeerkränzen, Kronen, Türmen und allerlei Karikaturen. Was ihm nun folgte, war die altbeliebte Maske des »Gekken Berndchen« (närrischer Bernhard). In seiner Nähe tanzten, während sie Lieder sangen, die sogenannten Heiligenknechte und Heiligenmädchen, die seit vielen Jahren bei Volksfesten nicht fehlen durften und welche noch jetzt in jedem großen Karnevalszug ihre Rolle spielen. Nun erschienen die Funken (altkölnische Stadtsoldaten) in ihrer roten, dieses Mal ganz neuen Uniform, mit ihrem gewaltig dicken Kommandanten, dessen Gaul unter ihm keuchte.

Nachdem die uns lieb gewordenen Personen: »Hänneschen, Bestevader und Marizebel« sich gezeigt, kamen der kölnische Bauer und die kölnische Jungfrau; doch diese, auf feinem milchweißen Pferd, auf dem Kopf eine goldene Mauerkrone, in prachtvollem altrömischem Gewand, zieht aller Blicke auf sich. Die Linke hält den weitgerühmten Schild: »Elf Flammen beleben seinen Grund, drei Kronen prangen im goldnen Felde.« Die Rechte trägt des Fleißes Sinnbild, den von Schlangen umwundenen Stab. Als sie erscheint, hört man den Ruf: »Vivat Colonia Agrippina!« Hinter ihr ein langer Reiterzug in den verschiedenartigsten Kostümen, unter ihnen der Marquis Posa, Wallenstein, Jan von Werth, Don Quixote und Sancho Pansa, dann, nach einer Menge italienischer und orientalischer Masken, ein riesengroßer Hanswurst mit rundem weißem Hut, an welchem ein Fuchsschwanz hängt, ein Wagen voll Musikanten, ihm folgend Figuren in fast unübersehbarer Reihe.

Endlich kommt Er, der längst Erwartete und Ersehnte: der hochberühmte Held Karneval. Alles jauchzt ihm entgegen, und in der Tat, dieser Jubel hatte auch seine volle Berechtigung; denn noch niemals war in den Straßen der alten Stadt Köln eine so wunderbar prächtige Gestalt erschienen. Eine goldene Krone mit einem Pfauenschweif schmückt sein Haupt, eine breite goldene Kette umzieht seine Brust; über dem schneeweißen Untergewand, das blitzender Gürtel umschlingt, wallt der mit Hermelin besetzte fürstliche Purpurmantel. Während die Rechte das Zepter trägt, stützt sich die Linke auf die berühmt gewordene Pritsche.

Wir müssen hier noch erwähnen, daß der große Zug des Jahres 1823 nur wenige Wagen, dagegen eine fast zahllose Menge reich, ja prachtvoll ausgestatteter Reiter enthielt, die auf eigene Kosten diesen Schmuck sich verschafft hatten. Mitglieder der reichsten und angesehensten Familien hielten es damals für eine Ehrensache, vielleicht sogar für eine Bürgerpflicht, im großen Zug zu erscheinen und an allem mit herzlicher Bereitwilligkeit teilzunehmen, was zu der Karnevalsfeier gehört. So geschah es noch manches Jahr.

Wilhelm Walter (19. Jh). Der Carneval in Köln von den ältesten Zeiten bis zum Jahre 1873, Köln 1873. Titelformulierung des Herausgebers.

Der Frevler an Fastnacht
Franz Kreuter

In den 1790er Jahren, gleich nach der französischen Revolution, gewahrte man eines Tages während der Karnevals Lustbarkeiten auf der Breiten Straße eine Maske, welche still und einsam einherschritt, und dadurch, daß sie sich scheinbar den Blicken der Neugierigen zu entziehen suchte, die Aufmerksamkeit so in noch höherem Grade auf sich lenkte. Man wußte nicht, woher die Maske kam, und als sie eine kurze Strecke auf der Breiten Straße zurückgelegt hatte, bog sie endlich in die Heimergasse und nahm von da weiter ihre Richtung nach der Glockengasse.

Schwer ist das Entsetzen zu schildern, welches diese Maske schon bei ihrem ersten Anblick verbreitete. Der Verkleidete trug ein vollständiges weißes Totengewand, ebenso wie man es den Verstorbenen anzuziehen pflegt, bevor man sie in den Sarg legt und nach ihrer letzten Ruhestätte trägt. Über den Händen, auf der Brust und am Hals waren Schleifen von schwarzem Flor; der Überwurf oder das sogenannte Leichentuch war mit Flor von derselben Farbe verbrämt, und um den Kopf trug er einen doppelten Reifen von weißem Wachs und Rosmarin und Flittergold durchflochten; das Gesicht war blutlos und in eine grinsende Totenlarve verzerrt; in den gefalteten weißen Händen hielt er einen Rosenkranz, einen Palmzweig nebst einem kleinen schwarzen Kreuz. Also vollständig eine wandelnde Leiche.

Der Abend fing schon an zu dämmern und das Zwielicht und die schwebenden Schatten in den Straßen erhöhten noch das Grauenhafte der Gestalt; nach allen Seiten flohen die Menschen, die Nachbarn wendeten den Blick und schlossen ihre Türen und Fenster. Eine junge Frau, die der Schreckensgestalt begegnete, fiel mit einem lauten Schrei in Ohnmacht. Ein schon erwachsener Knabe, der sich ebenfalls in ein benachbartes Haus zu flüchten suchte, stieß in der Verwirrung der Maske mit solcher Gewalt an den Unterleib, daß diese das Gleichgewicht verlor und rücklings zu Boden fiel. Der unvorhergesehene Fall mag wohl irgendeine Verletzung nach sich gezogen haben, denn der Verkleidete lag mehrere Minuten lang der Länge nach auf dem Pflaster ausgestreckt, ehe es ihm gelingen wollte, sich wieder zu erheben. Endlich richtete er sich auf und eilte, von den Verwünschungen der Umstehenden begleitet, zu seiner Wohnung auf der Breite Straße zurück. Der Verkleidete war jetzt erkannt und die Geschichte lieferte Stoff zu einem interessanten Tagesgespräch, welches aber bald den neueren Ereignissen wich und wieder verstummte.

Ungefähr drei Wochen darauf starb man weiß nicht an welchem Übel auf der Breite Straße plötzlich ein wohlhabender Mann, von dessen religiösen Grundsätzen man keine besonders gute Meinung hegte. Viele Leidtragende und eine Menge Volk versammelten sich in der Straße, um dem Verstorbenen die letzte Ehre zu erweisen und seine sterbliche Hülle nach dem Friedhof zu geleiten. Jeder erkannte sogleich das Haus und den Verstorbenen, denn es war der gleiche, der im vergangenen Karneval in der skandalösen Maskerade eine so höchst anstößige und ärgerliche Rolle gespielt hatte.

Man wunderte sich über die seltsamen Wege des Schicksals und einige fugten noch hinzu: »Der hätte sich wahrlich vor drei Wochen nicht sagen lassen, was ihm heute begegnet; das ist das Strafgericht Gottes.« Der Trauerzug, die Pfarrgeistlichkeit an der Spitze, bewegte sich bis an die Ecke der Heimergasse; Alexander Brüder in ihren Ordens Habiten trugen die Leiche auf ihren Schultern. Der Zug bog eben in die Heimergasse ein, um von da seine Richtung nach der Glockengasse zu nehmen, als plötzlich, wie von einem Wirbelwind ergriffen, der Sarg mit Getöse von der Tragbahre herunter auf das Pflaster fiel, zerplatzte und der Deckel weit davon wegsprang.

Erschrocken stehen die Träger stille und wissen den Vorfall, der bei Menschenge-
denken sich nicht ereignet und wovon die Geschichte kein Beispiel aufzuweisen hat,
sich nicht zu erklären, und in gedrängten Massen steht das Volk umher und starrt mit
stummem Entsetzen die enthüllte Leiche auf dem Boden an. Am größten aber war das
Erstaunen der Menge, als man sah, daß die Leiche genau an derselben Stelle lag, wo der
Frevler auf Fastnacht die ärgerliche Maskerade spielte und stürzte, und damals in demselben schreckhaften Anzug sich gezeigt hatte, womit jetzt der Tote bekleidet war.

Franz Kreuter (1842–1930). Aus: Kölns Legenden, Sagen und Geschichten, 2. Aufl.,
Köln 1852. Titelformulierung des Herausgebers.

Von Lenchen, Jungfrauen und Brezeln

Jacob Kemp

Nach den Aufzeichnungen des Kölner Ratsherrn Hermann von Weinsberg, die einen guten Teil des 16. Jahrhunderts behandeln, verbindet sich noch ein alter Frühlingsbrauch, das Ausrufen der »Lehen«, in Köln mit dem Karneval.

Nach einer besonders am Rhein, in den Niederlanden und in Hessen verbreiteten Sitte werden in der ersten Mainacht, der Walpurgisnacht, die heiratsfähigen Mädchen an den Meistbietenden versteigert; jeder Bursche erhält seine Braut für das kommende Jahr zugesprochen. Ein Gleiches geschah nach Weinsbergs Bericht in Köln am Karnevalsdienstag und wurde durch Pochen an die Stubentür kundgemacht. Mittfasten, Lätare oder Rosentag pflegen die Jungfrauen ihren zuerkannten »Lenchen« schön verzierte Brezeln zu senden, wohingegen die Burschen ihren Erkorenen am 1. Mai den »Maikneildrank« die Maiweinbowle in silbernen Kannen spenden. Man ladet sich dann gegenseitig zu Gast und hält fröhliche Gesellschaft.

Ein Nachklang an diese Sitte mag sich noch in dem alten Fastnachtslied bewahrt haben:

> *»Fastelovend kütt eran*
> *Spille op der Büsse,*
> *Alle Mädcher krigen 'ne Mann*
> *Ich un och mi Söster.« –*

Ohne Zweifel deutet hierauf auch ein zweites von Ernst Weyden mitgeteiltes Liedchen, das in seiner Jugend zugleich mit dem vorhergehenden die kleinen Mächen sangen, wenn sie auf Weiberfastnacht in größerer oder kleinerer Gesellschaft durch die Straßen zogen:

Ännche, Susännche,
Wat häss do en dingem Kännche,
Rude Wing of wisse Wing?
Morge salls do Bruck sin.

Jacob Kemp (Ende 19. Jh). Aus: Zur Geschichte der Kölner Fastnacht. In: Heft IV der Zeitschrift für rheinische und westfälische Volkskunde, Elberfeld 1906. Titelformulierung des Herausgebers.

Die sieben kölnischen Funken

Wolfgang Müller

Jetzt singen wir einen neuen Sang!
Auf, stimmt dazu den Becherklang,
Und frisch dann ausgetrunken!
Wir singen von Köln der heiligen Stadt
Und ihren sieben Funken!

Des Krieges Kunde scholl am Rhein,
Da schwur der Hauptmann Stein und Bein:
Er woll' ein Löwe fechten.
Er nahm den Säbel, doch statt links,
Da band er ihn zur Rechten.

Und als er aus der Türe trat,
Da rief er seinem Wachsoldat:
»Komm mit, es geht ans Würgen!«
Doch schnarcht es aus dem Schilderhaus,
Betrunken war der Jürgen.

Spornstreichs lief er zur Funkenwacht
Und rief: »Heraus, heraus zur Schlacht!«
Er sieht den Peter winken:
»Seid still, die Truppen all sind fort,
Sie gingen Kaffee trinken!«

Und grade schlendert Hans zurück,
Der Hauptmann schreit: »Das ist dein Glück,
Sonst würd ich's Zeug dir flicken!«
Die Nadeln in der Hand spricht Hans:
»Ich bin am Strümpfestricken.«

Dem Fritz, der kommt, wird ungeniert
Gewehr und Ranzen visitiert,
Doch in der Pulvertasche
Liegt Kartenspiel und Würfellust
Zusamt der Branntweinflasche.

Er stürzt zum Franz am Brückenkopf,
Dem summt ein Käfer um den Zopf,
Er denkt: 's ist Blei dahinter!
Und purzelt hin: »Ich hab genug!
Gott schütz mir Frau und Kinder!«

Nun geht's zum Kaspar auf den Wall,
Dem naht der Feind mit Flintenknall,
Das war ihm nie geschehen,
Und kreischend ruft er: »Seht ihr nicht,
Daß hier noch Leute stehen?«

Der Hauptmann denkt: »Hier ist es nix!«
Und flieht und stolpert über Dricks
Und seine langen Pfoten;
Da dreht sich der Soldat und ruft:
»Ich spiele schon den Toten.«

Und als im Dreck der Hauptmann lag,
Da fühlt er, daß ihm was zerbrach:
Ist es die Ripp? o Schrecken!
O nein, 's ist, was als Schwert er trug,
Seiner Jungen Peitschenstecken.

Doch rief er traurig: »Gram und Pein,
Zerbrochen ist mir Arm und Bein
Grad vor der Ruhmesstätte!
Bringt, Leute, mich zu Weib und Kind,
O bringet mich zu Bette!«

Hört an, das ist der neue Sang!
Auf stimmt dazu den Becherklang
Und frisch dann ausgetrunken!
Wir singen von Köln, der heiligen Stadt,
und ihren sieben Funken!

Wolfgang Müller (19. Jh.). In: Karl Simrock, Rheinsagen aus dem Munde des Volkes und deutscher Dichter, Bonn 1891.

Das
Osterfeuer
Montanus

Von dem Fest, das nach der heidnischen Göttin Hertha den Aufgang der Keime feierte, hat sich der Beziehungsname dieser Gottheit Ostara (Ostar oder Gostar) an dem christlichen Paschafest sowie am Aprilmonat erhalten. Merkwürdig, daß an den beiden christlichen Hauptfesten in Deutschland noch die altdeutschen Namen kleben. Im frühen Mittelalter eiferten viele Prediger dagegen, und man suchte wie für Weihnachten den Namen Christmessen auch für Ostern den Namen Paschen oder Poschten einzuführen. Letzterer ist am Niederrhein noch in platter Mundart geläufig, doch ist mit der hochdeutschen Sprache Ostern wieder der gebräuchliche Name geworden.

So wurden auch im Bergischen am Abend des ersten oder zweiten Ostertags große Feuer im Freien angezündet. Unter Jubel und Jauchzen wurde darum gesungen und getanzt. Doch sogar die Kirche nahm die Grundbedeutung dieses Feuers auf in der Osterkerze und Osterlampe, die das ganze Jahr hindurch brennt und nach alter Überlieferung vor Ostern gelöscht und neu angezündet wird mit frischem jungfräulichem Feuer, das aus Stahl und Stein geschaffen werden muß, nicht aber von schon brennendem Feuer übertragen werden darf. Von diesem das ganze Jahr hindurch forterhaltenen Feuer holten früher die Gemeindeglieder, um ihre Herdfeuer damit anzuzünden. Doch ist dieser Osterbrauch fast vergessen.

Zunächst am Abend vor Ostern, später nach der Vesper des Ostertages, wurde das Taufwasser geweiht. Davon holten die Landleute und besprengten am Ostermorgen Viehställe und Häuser damit. Auch sagt man, daß in der Osternacht alle Wasser zu Wein wurden, ähnlich der Christnacht.

Der Gründonnerstag hat von dem altdeutschen Frühlingsfest den Namen. Man steckte dann Tannenzweige und Walddistel vor die Tür und aß das Gründonnerstagsmus, das aus neunerlei frischen Kräutern zusammengesetzt war. Auch bereitete man Eierkuchen, mit neunerlei grünen Kräutern. Leckerei war mit dem Volksbrauch nicht verbunden. Man glaubte sich durch den Genuß des Gründonnerstagskrautes vor Bezauberung zu schützen. Die einzelnen anzuwendenden Pflanzen waren vom Herkommen bestimmt: Bachbungen, Brunnenkresse, Schlüsselblumen, Holundersprossen, Gierenblätter, Frauenmantel, Lauch, Nesseln, Kukuksmus (oxalis).

Noch sind zu dem Osterfest die sogenannten Osterbäume zu erwähnen, die, ähnlich den Christblumen, neben dem Osterfeuer im Freien gepflanzt, bei Nacht durch Lichter erhellt und umtanzt wurden. Man nahm eine Linde dazu. Die Linde war der weiblichen Gottheit geweiht, wie die Eiche der männlichen.

Montanus (1805–1876). In: Die deutschen Volksfeste, Volksbräuche und deutscher Volksglaube in Sagen, Märlein und Volksliedern, Iserlohn 1858. Titelformulierung des Herausgebers.

Johann von Werth

Kupferstich von Wenzel Hollar (1635)

Ritterspiele und Schießen

Ernst Weyden

E benso verbreitet wie die Fastnacht waren in den großen Städten Deutschlands die
Schießspiele, die auch besonders in Köln hoch in Ehren gehalten wurden. Was für
die turnierfähigen Ritter die Turniere, waren für die Bürger die Schießspiele, an denen
jedoch später, als das Schießgewehr erfunden worden war und die Turniere aus der
Mode kamen, die Adligen selbst teilnahmen.

Da Köln sehr viele turnierfähige Ritter unter seinen Bürgern hatte und sehr besucht von
Großen war, so wurden hier besonders viele Turniere gehalten.

Der Turnierplatz war auf dem Alter Markt, doch wurden auch einige auf dem Neumarkt und vor der Stadt gehalten. Die berühmtesten Kölner Turniere waren 1179 auf
dem Neumarkt zu Ehren des Grafen Florenz von Hennegau; 1285 mehrere bei Anwesenheit Isabellens, der Braut Kaiser Friedrich II.; 1334 auf dem Judenfriedhof, weil die
Plätze in der Stadt zu klein, um die Menge zu fassen; 1402 zur Verherrlichung des in
Köln gehaltenen Beilagers Ludwigs, Sohn Kaiser Ruprechts, mit Blanka, Tochter Hein-
richs v. England; 1481 anläßlich Herzog Wilhelms von Jülich Beilager mit Sibilla, Tochter
des Markgrafen Albrecht von Brandenburg. Im Jahr 1486 ein prächtiges Turnier auf dem
Alter Markt, da Friedrich II. mit seinem Sohn Maximilian und seinem ganzen Hofstaat
in Köln anwesend; im Jahr 1505 ein Turnier bei Gelegenheit des Reichstages.

Später gehörten dann die Schießspiele zu den edelsten Belustigungen der Bürger, die hier-
in eine Art Waffenübung fanden. Durch ihre Feierlichkeit wurden die Spiele zum wahren
Volksfest. Der Magistrat begünstigte die Spiele; er kaufte 1409 den Neumarkt für die
Schießspiele, errichtete dort ein Schützenhaus, setzte selbst Preise, die den Namen Herren

Kleinoden führten, für den besten Schützen aus. Diese Preise bestanden in Waffen, silbernen Gefäßen und ähnlichem. Im Jahr 1496 wurde um einen feisten Ochsen geschossen, an welchem Schießspiel alle Zünfte Anteil nahmen.

Sollte ein Schießspiel gehalten werden, so wurden die Bestimmungen und Preise öffentlich an die Kirchentüren und auf den Zunftsälen angeschlagen. Bei den Spielen bestanden bestimmte Ordnungen. Als später das Feuergewehr die Armbrüste verdrängte, wurden diese Spiele in den Stadtgraben verlegt. 1483 wurde hier ein Schießspiel gehalten, zu dem selbst die umliegenden Städte beschrieben waren.

Man sieht hieraus, mit welcher Pracht diese Spiele gefeiert wurden und in welchem Ansehen sie standen.

Was in Nürnberg bei den Schießspielen der Pritscher (Pritschmeister), der den besten Schützen in temporierten Reimen begrüßte, war in Köln das sogenannte »Gecken Berndchen«, der bei allen öffentlichen Festen und Aufzügen nicht fehlen durfte. Hierher gehören auch die »Heiligen Knechte und Heiligen Mädchen«, die aus den jüngeren Burschen und Mädchen der ackerbautreibenden Einwohner Kölns gebildet waren. Sie hatten ihr eigenes Kostüm, eigene Tänze, Märsche und Lieder, und zogen bei einigen religiösen Umgängen (daher ihr Name) mit Tanz und Spiel um.

Ernst Weyden (1805–1869). In: Cöln's Vorzeit. Geschichten, Legenden und Sagen Cöln's, nebst einer Auswahl cölnischer Volkslieder, Köln 1826. Titelformulierung des Herausgebers.

Die alte kölnische Gottestracht

Friedrich Everhardt v. Mehring
Ludwig Reischert

Die sogenannte alte Gottestracht, welche die Erzbischöfe Heribert und Theodor von Köln anordneten, repräsentierte die gesamte Kirchengemeinde Kölns. Sie nahm zuletzt am zweiten Sonntag nach Ostern ihren Weg vom Dom aus durch die Hachtpforte zu der Taschenmacherstraße, über die Westseite des Alter Markts, den Malzbüchel, die Nordseite der langen Bachstraße, an der Griechenpforte vorbei, längs St. Mauritius, nach der St. Apostelnkirche, dem Grab Heriberts, überall aber den Spuren der alten Stadtmauer folgend.

Bei St. Aposteln wurde Station gehalten und Messe gelesen. Hierauf entfernten sich alsdann der Senat und die städtischen Beamten sowie der Klerus des obern Stadtreviers und die übrigen Korporationen. Alle Schulkinder, männlichen Ordensgeistliche und Bruderschaften sowie die Abtei- und Stiftsherrn, das Domkapitel, der Rektor der Hochschule, der Weihbischof, der päpstliche Nuntius mit seinem Hofstaat, sämtliche Pfarrer der Stadt, denen Chorknaben die silbernen Kreuze vortrugen, mehrere Musik und Gesangschöre folgten dem Zug der Andächtigen, den endlich das Priesterseminar beschloß.

Selbst Gesandte auswärtiger Mächte und Personen ausgezeichneten Ranges wurden zu dieser höchst feierlichen Prozession geladen und begleiteten sie nicht selten in Uniform. Auch die Bürger, Bruderschaften mit ihren Fahnen und Abzeichen, die Schützenkompagnien mit ihrem platzmachenden Scheibenzeiger (später Gecken Berndchen genannt) waren anwesend. Die kölnischen Soldaten, welche gemäß dem Stadtwappen rot mit weißen Aufschlägen uniformiert waren und wegen der in dem jüngern städtischen Wappen die

Märtyrergesellschaft der heilgen Ursula vorstellenden Funken oder Blutstropfen die kölnischen Funken genannt wurden, paradierten beim Aus- und Eingang der Prozession, gaben Gewehr und Geschütz Salven, und machten in Begleitung der Nachtwächter einen Streifzug bis an die Grenzen des Stadtgebietes, nach dem sogenannten Radental von dem Severinstor, um die Stadt während der Dauer der Prozession gegen einen möglichen Überfall zu schützen.

Die Monstranz, welche in späteren Zeiten bei dieser Prozession getragen wurde und im Domschatz aufbewahrt wird, ist ein Geschenk des Erzbischofs Maximilian Heinrich und eines der kostbarsten Kleinodien der Domkirche: sie hat eine Schwere von 18 Pfund von gediegenem Golde und ist in- wie auswendig mit den kostbarsten Diamanten besetzt. Zur Zeit der letzten Kurfürsten mußte der Kölnische Senat, so oft diese Monstranz ausgetragen wurde, sich dem Domkapitel jedesmal für deren Wert in einem Revers schriftlich verbürgen.

Friedrich Everhard von Mering/Ludwig Reischert (beide 19. Jh.).
Aus: Die Bischöfe und Erzbischöfe von Köln, Köln 1844.

Die Fronleichnamsprozession

O. Freiherr v. Reinsberg-Düringsfeld

D as Fronleichnamsfest ist, wie der Name sagt, zu Ehren des Leibes unseres Herrn (vom altdeutschen fro: Herr) eingesetzt worden, und verdankt bekanntlich seine Einführung der frommen Nonne Juliana zu Lüttich. Trotz aller Schwierigkeiten, die sich ihr entgegenstellten, wußte sie es durchzusetzen, daß dieses Fest im Jahre 1246 zum ersten Mal in der Martinskirche in Lüttich (wie auch in Köln mindestens seit 1276) gefeiert und 1262 von Papst Urban VI. kanonisch anerkannt wurde.

Die folgenden Päpste bestätigten und erweiterten die Bulle ihres Vorfahren, und bald war das Fronleichnamsfest eins der größten und wichtigsten Feste in der ganzen katholischen Christenheit. Es bildeten sich besondere Vereine, die sogenannten Corpus Christi Bruderschaften, welche den Zweck hatten, dessen Glanz zu erhöhen, indem alle Mitglieder, sowohl männliche wie weibliche, in Festgewändern hinter schönen Fahnen und Kreuzen mit Kerzen in der Hand der Prozession folgen mußten; die Zünfte und Gewerke verpflichteten sich zur Übernahme gewisser Rollen bei den dramatischen Aufzügen, die mit der Prozession verbunden wurden, und Geistliche und Laien wetteiferten miteinander, die Fronleichnamsprozession zu der schönsten und großartigsten Kirchenzeremonie des ganzen Jahres zu machen.

O. Freiherr von Reinsberg-Düringsfeld (19. Jh.). Aus: Das Festliche Jahr, Leipzig 1863.

Vom
Gecken Berndchen

Anton Fahne

In Köln eröffnete bis zum Jahre 1810 die Fronleichnamsprozession das sogenannte »Gecken Berndchen« und unterhielt die Zuschauer mit allerhand ergötzlichen Sprüngen. Er trug ein blaues Wams und blauen Mantel, beide mit Rosen und fünf Fuchsschwänzen verbrämt, in der Linken hatte er einen Schild mit der Inschrift Dieu protège les jongleurs, in der Rechten ein Trinkhorn, und auf dem Kopf einen Helm, geziert mit zwei Büffelhörnern, einer weißen und einer schwarzen Feder und einem Fuchsschwanz.

Gecken-Berndchen mit der Schärpe

Lithographie von David Levy Elkan, 1844

Anton Fahne (19. Jh.). In: Der Carneval. Ein Beitrag zur Kirchen- und Sittengeschichte, Köln und Bonn 1854.
Titelformulierung des Herausgebers.

Das Fest des Domherrn

Johann Jacob Merlo

E s wird berichtet von einer kleinen Schwäche, die sich der Domherr Johann Engelbert von Jabach (um 1740) angewöhnt hatte und womit er seinen zahlreichen
Freunden gelegentlich nicht wenig lästig wurde. Er gedachte nämlich gar zu gern seiner
vielen vornehmen Bekanntschaften, seiner vertraulichen Verhältnisse mit Grafen und
Fürsten.

Zu seinen Jugendfreunden und Studiengenossen gehörte auch der bekannte Baron Theodor von Neuhof, dem seine abenteuerlichen Unternehmungen im Jahre 1736 eine Königs-
krone, freilich nur die von Korsika, verschafften. Für den Domherrn gab es da keinen anderen Gegenstand des Gespräches mehr als diesen königlichen Freund, so daß alle, die den
gastfreien Mann zu besuchen pflegten, aufs äußerste damit geplagt wurden, um so mehr,
da er sich einbildete, daß sich Theodor von Neuhof noch mit der alten Wärme seiner erinnern müsse.

Als König Theodor nun gar eine Reise antrat, die ihn nach Holland führte, glaubte Herr
von Jabach auf einen Besuch rechnen zu dürfen, und schwankte nur, ob er nicht eine
förmliche Einladung an Seine Majestät zu richten habe.

Die gequälten Kölner Freunde aber hatten ihren Plan schon in aller Stille gemacht. Die
Amsterdamer Post brachte einen sehr huldvollen Brief des Königs Theodor, der sich bei
seinem alten Freund Jabach als Gast anmeldete. Unser Domherr war außer sich vor Freude; die Säle seines Hauses wurden mit den prachtvollsten Möbeln neu versehen, die Bedienten erhielten neue Livreen, die edelsten Weine, die feinsten Speisen, die tüchtigsten

Köche wurden herbeigeschafft. Endlich meldete ein zweiter Brief den Tag der Ankunft des Königs. Im Jabach'schen Haus hörte Tag und Nacht die regste Geschäftigkeit nicht auf, und der Domherr ließ die Einladungs Schreiben an seine Kölner Freunde abgehen.

Zu den Eingeladenen gehörten natürlich auch sämtliche Verschwornen, unter denen sich jedoch auch Jabachs ältester und treuester Freund befand, dem der so weit getriebene Spaß das Gewissen zu foltern begann. Nicht ohne Mühe erlangte er bei dem überbeschäftigten Domherrn die Bewilligung einer Viertelstunde zu einer wichtigen Besprechung. Er entdeckte ihm das Komplott, zu dem er, durch die heitere Seite des Planes anfangs verlockt, selbst gehörte. »König Theodor«, so sprach er, »denkt nicht daran, dir einen Besuch zu machen; die Briefe sind erdichtet; ein ganz anderer soll die Rolle des von dir erwarteten Königs spielen. Deine Freunde haben das Komplott ersonnen, um sich für die Langeweile, die sie durch das beständige Gespräch vom König erlitten, zu rächen, zugleich aber auch in der Absicht, dich von der einzigen Schwäche, die sie an deinem liebenswürdigen Charakter wahrnehmen, wo möglich zu heilen. Halte mein Bekenntnis geheim, zu dem mich die treueste Anhänglichkeit an dich getrieben hat; aber triff deine Maßregeln, bevor es zum Äußersten kommt.«

Herr von Jabach, anfangs bestürzt, gewann bald seine Fassung wieder; er entließ den Freund mit der Bitte, sich ganz ruhig zu verhalten, der Sache ihren Fortgang zu lassen und bei dem Königsmahl nur ja nicht zu fehlen.

Der bestimmte Tag kam heran; das Haus des Domherrn prangte in festlichem Glanz und um die Mittagsstunde fuhr wirklich der königliche Wagen vor. Der Domherr empfing ehrerbietigst die mit zwei Kammerherren aussteigende Majestät und führte diese in den Saal, wo eine zahlreiche Gesellschaft des Angekommenen harrte.

Nach einigen Begrüßungsfloskeln öffneten sich die Türflügel des anstoßenden Speisesaales und der König geruhte, sich auf dem für ihn bestimmten Ehrenplatz an der Tafel niederzulassen, seinen Jugendfreund Jabach sich als Nachbarn ausbittend. Als alle ihre Plätze eingenommen und die mit dem äußersten, in Köln nie gekannten Luxus ausgestattete Tafel eine Weile angestaunt hatten, erhob sich Herr von Jabach und sprach: »Die Ehre des heutigen Tages ist für uns alle eine gleiche. Euch hat es gefallen, mit einem Schein König mich überraschen zu wollen; ich habe dafür gesorgt, daß das Mahl des Königs würdig sei. Alles, was ihr auf dieser Tafel seht, ist nichts als eitler Schein; die Speisen, die Früchte sind bemaltes Wachs, die Weine gefärbtes Wasser. Greift zu und überzeugt euch. Das Zeugnis aber werdet ihr mir nicht versagen können, daß ich den hohen Gast in angemessener Weise aufgenommen habe«.

Die Verlegenheit, in welche die Anwesenden, vor allem der Scheinkönig, gerieten, war groß. Als aber einige sich heimlich hinwegschleichen wollten eilte der Domherr zur Türe, versperrte den Ausgang und sprach lachend: »Nein, meine Freunde, keinen von euch lasse ich von dannen! Der Trug ist vorüber; für die Lehre, die er mir gibt, bin ich nicht taub; jetzt aber gehen wir, als die alten treuen Freunde, zur Wirklichkeit über!« Die Tür eines anderen Nebensaales wurde geöffnet und es zeigte sich eine zweite Tafel, die alles, was eben Schein gewesen, echt aufwies, von der die köstlichsten Speisen den Eintretenden entgegendufteten. Aufmunternd drängte Herr von Jabach die Gäste alle da hinein, die Gläser erklangen dem liebenswürdigen Wirt zu Ehren und erst in später Nacht erreichte das heitere Fest sein Ende.

Johann Jacob Merlo (1810–1890). Aus: Die Familie Jabach zu Köln und ihre Kunstliebe, Köln 1861.

Die Kräuterweihe

O. Freiherr v. Reinsberg-Düringsfeld

Zum Fest Maria Himmelfahrt (15. August) ist es in katholischen Kirchen Brauch, Kornähren und Kräuter zu weihen, die vor Krankheiten, Blitzschlag und bösen Geistern schützen sollen. Zu dieser Kräuterweihe liefert jede fromme Haushaltung ein Bündel Kräuter und Blumen, das in der Rheinpfalz Würzwisch, am Niederrhein Kruetwöesch und in Köln Kruckwösch (Krautwisch) heißt. Es wird in der Kirche beim Hochamt geweiht und dann zu Hause sorgfältig aufbewahrt.

Ein echter Kräuterbüschel muß in Köln 7, 9 oder mehr Heilkräuter enthalten, unter denen Skabiose, Fingerkraut, Blitzblümchen, Himmelstürmchen, Wurmkraut, Beifuß und Baldrian nicht fehlen sollen. Kornähren werden dazugetan. Am Rhein müssen hier und da die Kräuter am vorhergehenden Donnerstag bei Sonnenaufgang ohne Messerschnitt gepflückt werden. Dieser Umstand läßt vermuten, daß der Brauch des Kruckwöschs, den die Kirche aufgenommen, altdeutschen Ursprungs ist und wahrscheinlich einst der Freya, der Mutter der Natur, galt, die für die Wetterbeherrscherin und Mutter des Blitzschleuderers gehalten wurde.

Die schöne Legende, daß die Apostel und Jünger, als sie am dritten Tag nach der Bestattung der heiligen Jungfrau zu ihrer Gruft kamen, um ihren Leichnam noch einmal zu sehen, die Stätte leer, aber voll duftender Blumen und Kräuter fanden, bot einen passenden Anlaß, die Sitte der Kräuterweihe als Erinnerung an die Muttergottes auf diese und ihr größtes Fest zu übertragen.

O. Freiherr von Reinsberg-Düringsfeld (19. Jh.). Aus: Das Festliche Jahr, Leipzig 1863.
Titelformulierung des Herausgebers.

Das St. Martinsfest
Montanus

Der Martinstag war nach der alten Einteilung des Jahres wahrscheinlich der Monatsanfang und Winteranfang. Das Sprichwort »St. Martin zündet das Feuer an« ist auf die Zeit zu beziehen, da die Stuben geheizt wurden, was früher ohne Ofen durch Herdfeuer geschah; auch ist es die Zeit, wo wieder bei künstlichem Licht gearbeitet wird.

Der Martinsmonat (November oder Wintermonat) wurde auch der Opfermonat (Blotmaned) genannt. Mit ihm begann der Winter, wie St. Martin im alten Sprichwort auch vom Termintag, vom Bezahlen her, ein böser oder harter Mann genannt wird. In früherer Zeit überall, und besonders lange auf dem linken Rheinufer, schließt mit dem Vorabend des Martinstages das Pacht- oder Ackerjahr.

In Köln wurde Mätesovend in Familien und Gesellschaften mit neuem Wein und fröhlichen Liedern gefeiert.

Vielerorts singen die Kinder ihre Martinslieder, indem sie mit selbstgebastelten Laternen, auch auf Stecken befestigten Rüben oder Kürbissen, in denen ein Lichtchen brennt, durch die Straßen ziehen. Sie begleiten St. Martin, der auf einem Schimmel reitet, und singen Heischelieder.

Montanus (1805–1876).
In: Die deutschen Volksfeste, Volksbräuche und deutscher Volksglaube in Sagen, Märlein und Volksliedern, Iserlohn 1858.

Die Martinsgans

O. Freiherr v. Reinsberg-Düringsfeld

Zum Volksglauben, der an Martini anknüpft, gehört auch die Verkündung der Witterung des bevorstehenden Winters: Ist das Brustbein der Martinsgans weiß, gibt es strenge Kälte; ist es dunkel, wird es viel Schnee und laues Wetter geben: »Wolken am Martinitag, der Winter unbeständig werden mag«.

Noch sicherer kann man auf den Anfang des Winters am Andreastag, dem letzten November, rechnen, von dem die Kölner versichern: »Andrees breng dä kale Fröß«.

Die »Zwölften«

O. Freiherr v. Reinsberg-Düringsfeld

Wie sich das Wetter von Christtag
bis Heiligdreikönig hält,
so ist das ganze Jahr bestellt.

Was man in diesen Nächten träumt, soll der Reihe nach in den zwölf Monaten des Jahres wahr werden, und wer sein Schicksal erfahren will, muß diese Nächte, namentlich die drei Heilignächte, den Christabend, den Neujahrsabend und den Dreikönigsabend, dazu benutzen, einen Blick in die Zukunft zu werfen. Aber auch den Geistern und den in Teufelsgestalten verwandelten Gottheiten der Vorzeit ist die Macht gelassen, in dieser Zeit ihr Unwesen zu treiben. Darum ist es nicht gut, während der Zwölften zu arbeiten.

O. Freiherr von Reinsberg-Düringsfeld (19. Jh.). Aus: Das Festliche Jahr, Leipzig 1863.
Titelformulierung des Herausgebers.

Die »Dreizehnnächte«

Montanus

Nach Weihnachten ist der Neujahrstag unseres jetzigen Kalenders einer der Glanzpunkte in dem Fest der Dreizehnnächte. Auch die Silvesternacht mußte durchwacht werden. Man brachte sie mit Gesängen und Erzählungen zu. Das Wort Jul oder Joel bedeutet Rad, das Rad der Zeit, unter welchem man sich das Jahr altdeutsch Ar versinnlichte. Auch nannte man das Fest in dieser Beziehung das Weralt-Fest von weralt d. i. Dauer, Zeit, wovon unser Wort Welt entstanden ist. Ein Hauptteil waren die Schweineopfer. Der Juleber wurde geschlachtet und verspeist und Kuchen in Form von Ebern und des Zeitrades gebacken, womit man sich gegenseitig beschenkte. Unsere Kuchen und Brezeln, die noch zu Neujahr üblich sind und die sogenannten Neujährchen haben ihr Entstehen und ihre Form von diesem Festbrauch erhalten und fortgeerbt.

Jeder beeilte sich und eiferte, dem andern den Neujahrsgruß zuerst zu bringen, d. h. et Neujohr afzejewenne (abzugewinnen), da es üblich war, daß der Begrüßte dem Grüßenden ein Geschenk machte.

Will ein Mädchen den Stand oder das Gewerbe ihres künftigen Bräutigams erfahren, so gießt sie geschmolzenes Blei durch einen Schlüsselkamm in eine Schüssel mit kaltem Wasser. In den Bleistückchen bildet sich das Handwerksgerät ihres Zukünftigen.

Der Schluß des Dreizehnnächtefestes ist der Dreikönigstag, auch der Dreizehntetag genannt. Es war früher ein Wandertag der Götter, die dann von Hain zu Hain zogen, nachdem sie während aller dreizehn Nächte umhergewallt. Daher die Sage vom wilden Heer oder wütenden Heer (Wotesheer), das noch bisweilen am Dreikönigsabend vernommen werden soll. Die Hausbewohner ließen drum bei offenen Haustüren das bereitete Mahl über Nacht auf dem Tisch stehen, gleichsam als Opfergabe.

Das Dreikönigssingen oder Sternsingen ist meist am Vorabend des Festes. Drei Jungen stellen die drei Weisen aus dem Morgenland dar und ein Vierter trägt den Stern. Singend sammeln sie Gaben.

Die Namen der heiligen drei Könige oder auch die Anfangsbuchstaben C. M. B. (Caspar, Melchior, Balthasar) auf einen Zettel geschrieben, in Ställen angeklebt, vertreiben Viehseuche und Viehbehexung. Früher verkaufte man solche Dreikönigzettel namentlich zu Köln als Heiltum.

In Köln bezeichnet der Dreikönigstag auch den Beginn der Fastnachtslustbarkeiten, die ursprünglich Frühlingsfeste, jetzt als Winterfreuden gelten.

Montanus (1805–1876). In: Die deutschen Volksfeste, Volksbräuche und deutscher Volksglaube in Sagen, Märlein und Volksliedern, Iserlohn 1858. Titelformulierung des Herausgebers.

Aus dem Jahreslauf
Sebastian Franck

Advent drei Wochen vorm neuen Jahr oder dem Geburtstag Christi soll Petrus aufgesetzet haben, daß man sich darin auf die Ankunft Christi bereiten solle. An diesen drei Donnerstagen ist an vielen Orten der Brauch, daß die Kinder in der Stadt herumgehen und an den Häusern anklopfen. Man gibt ihnen Nüsse, Äpfel und Lebkuchen. Was es bedeutet, weiß ich nit. Vielleicht von der Altväter Freudklopfen auf die Ankunft Christi oder vielleicht von den Heiden übernommen. Diese Nächte hält man für schaurig und verworfen, fürchtet sich vor Gespenstern, vor Hulden, Druiden, Hexen und Zauberern.

Danach kommt das Fest der Geburt Christi. Da hat man an vielen Orten seltsame Spiele, sie wiegen ein hölzernes Kind oder Götzlein in der Kirchen und halten diese Nacht für so heilig, daß etliche meinen, alle Brunnen werden in dem Augenblick von Christi Geburt Wein fließen lassen und in einem Hui dann wieder Wasser.

Etliche sagen, es schlagen alle Bäume diese Nacht aus. Jeder Priester hat diesen Tag drei Messen, manche verteilt, manche direkt nacheinander.

Am dritten Tag danach begeht man St. Johanns Fest, da trinkt jedermann St. Johanns Segen, das ist ein gesegneter Wein, daraus man Kügele macht fürs Wetter und kann damit auch viel Zauberei treiben. An diesem Tag trinken die Männer die Stärke, die Frauen aber die Schöne. Den nächsten Tag darauf an der Unschuldigen Kindlein Tag gehen die jungen Gesellen herum mit einer Rute, schlagen die Jungfrauen um den Lebkuchen, und dies nennen etliche den Pfeffertag, die Bedeutung weiß ich nit.

Acht Tage nach der Geburt Christi ist das neue Jahr der römischen Christen, das wünschen sie einander, schicken einander Geschenke zum neuen Jahr, auch geben diese die Väter den Kindern, die Männer den Frauen, zu einem guten Anfang des Jahres.

In diesen Tagen fordert man keine Schuld ein und backt ein besonderes Brot.

Danach kommt der Heiligen Drei Könige Fest mit einem Spiel und Gasterei. Da hat ein jeder sein Amt. Die Knaben spielen König zu diesem Fest. Dieser Brauch der Königreich ist vor allem am Rheinstrom üblich.

Sebastian Franck (1499–1542). In: Weltbuch oder Cosmographey, 1534. Titelformulierung des Herausgebers.

Dreikönigsfest

Anton Fahne

Dreikönigsfest, das auf den 6. Januar fällt, war im Mittelalter in fast ganz Europa im Schwange, vornehmlich aber am Rhein, in den Niederlanden und in Frankreich. Es hatte die Wahl eines Königs zum Gegenstand, der es in der Regel nicht allein bei diesem Festgelage, sondernsehr häufig sogar bei allen folgenden des ganzen Jahres war. Die Wahl wurde durch eine Bohne, welche an verborgener Stelle in einen Kuchen gebacken wurde, vollzogen. Wer das Stück mit der Bohne bekam, wurde zum Bohnenkönig oder zur Bohnenkönigin jubelnd und unter Gläserklang ausgerufen und dadurch der einzige Regent, der in Kindern und Greisen, Männern und Frauen und selbst in Königen und Fürsten stets fröhliche Untertanen gehabt hat. Das Fest ist zweifelsohne aus den Saturnalien hervorgegangen, denn es fällt in dieselbe Zeit und hat eine Form, die, bis in die neueste Zeit, an manchen Orten auf eine überraschend genaue Weise mit der römischen übereinstimmt.

Die erste Nachricht über den Fortbestand des Festes unter den Christen findet man in den ältesten Kalendern der römischen Kirche, worin es heißt: daß am Vorabend des Epiphanien Festes Könige durch Bohnen gewählt werden sollten. Später hat die Feier Änderungen erfahren.

In den rheinischen Städten, wo das Fest bis zur französischen Revolution hoch gefeiert wurde, fand es am Dreikönigstag statt, und zwar unter mancherlei Lustbarkeiten und Spielen, die namentlich in Köln großartig betrieben wurden.

Anton Fahne (19. Jh.). In: Der Carneval. Ein Beitrag zur Kirchen- und Sittengeschichte, Köln und Bonn 1854. Titelformulierung des Herausgebers.

Zettel und Briefchen

nach O. Freiherr v. Reinsberg-Düringsfeld

Im Kölner Gebiet war es Brauch, Zettel oder Briefchen zu machen und zu verlosen. So wählte man sich einen König samt Königin und Hofstaat im häuslichen Kreis. Durch diese Zettel, auf denen jeweils eins der Ämter geschrieben stand, ermittelte man den Hauskönig und die anderen Würdenträger. Mancherorts mußte der, der den Zettel zog, auf dem »König« stand, die Zeche zahlen.

Nach O. Freiherr von Reinsberg-Düringsfeld (19. Jh.). Aus: Das Festliche Jahr, Leipzig 1863.
Titelformulierung des Herausgebers.

Fastelovendslehd

Dä Fastelovend kütt eraan,
Wat gitt dat Freud un Loß!
Jitz schaff mer sich 'ne Flaabes aan,
Dann kännt uns nit Verdroß.

Morzinter! Mallig hat jitz jo
Dä Rippet voll Klamang,
De Selvermöschen hammer do,
Mer spaat se drop ald lang.

Un deit et och ald schlääch ens stonn,
Wat froge meer no demm,
Dann mohß mer gäng nom Lumbaat gonn,
Dat hilf uns uus der Klämm.

Op Fastelovend drink mer noch
En Dröppchen op den Doosch,
Zor Vollühl stüff sich keimol doch
'nen ächte kölsche Poosch.

Zoehsch do kütt dä Donneschdaag,
Dann geit et deer, morjü!
Mer rieß der Mähd de Mötz vum Daach
Un wirf se en de Hüh.

Vum Töhnchen ov vum dude Jüdd
Trick ald 'ne Zogg eren,
Wär dann nit en et Laache kütt,
Daß eß 'nen hölze Pen.

Des Sonndags eß Barutschefaat,
Kein Häuv blihv sunder Kapp,
Un mänch Mötzölg weed klohg gemaat,
Dat sönß em Jor geflapp.

Wat hivv et sich em Kummiteh
Des Ovends op vun Lück!
We mäncher kritt dann singen Tee,
Wat höht mer do for Fück!

Aam Mondaag geit dä große Zogg,
Morkränk, dat eß 'ne Glanz!
Dann paß su rääch dä ahle Sproch:
»Doo Gäck, lôß Gäck elans!«

Em Thrönche kraut mer fruh derno
Nom Ball on Göözenich,
Do triff mer mänch stahz Domino
Un määt, de Koor imm glich.

Des Dingsdags drihv mer op der Stroß
Gätt Lotterboverei,
Dann weed sich ens rääch uusgeroß,
Et gitt kei Kunterfei.

Mer bälk: »Wat hät dä Kääl en Nahs!«
»Do geit gätt, steit gätt, kick!«
Drop gommer all met Ühm un Bahs'
Maskeht nom Pickenick.

Doch, och, noo kütt dä Gohdesdaag,
Et Gäld gink durch de Kot,
Dann geit mer düss'lig, grön un schwaach
Un iß gätt Hirringsschlot.

Nom Kohberg schlich mer zor Visitt,
Uns bloht et Hätz vun Troor,
Un mäncher kritt sich mem Schlavitt
Un kratz sich hingerm Ohr.

Fastelovendslehd: Fastnachtslied / Loß: Lust / Flaabes: Larve, Maske / mallig: jeder / Rippet: Tasche / Klamang: Geld / Selvermöschen: Silberspatzen / hammer: haben wir / Mer spaat: man spart / gäng: schnell / Lumbaat: Leihhaus (von lombard, franz.) / Doosch: Durst / Vollühl: Volleule, besoffener Mensch / Poosch: Bursche / Mähd: Magd / Töhnchen: Türmchen / ov: oder / vum dude Jüdd: »Vom toten Juden«, ein Wirtshaus vor der Stadt, in dessen Nähe früher der Begräbnisort der Juden war / Barutschefaat: Fahrt mit einem Zweiradwagen / Häuv: Haupt, Kopf / Mötzölg: Tropf, Dummkopf, Schlafmütze / geflapp: halb verrückt / Kummiteh: die große Versammlung der Karnevalsfreunde / Fück: Schwänke / elans: vorbei / Thrönche: Räuschchen / kraut mer: eilt man / Göözenich: Gürzenich, Haus Gürzenich / mer bälk: man schreit / dä Kääl: der Kerl / Do geit gätt, steit gätt: Ruf der Kinder, wenn sie Masken sehen / gommer: gehen wir / Ühm: Oheim / Bahs': Base / Pickenick: ein Fest, wobei jeder sein Essen und Trinken selbst mitbringen muss / dä Gohdesdaag: der Aschermittwoch / Kot: Schnur, d. i. fort / Hirringsschlot: Heringssalat / Kohberg: ein Wirtshaus / zor Visitt: zur großen Kaffeegesellschaft, womit die Faschingslustbarkeiten beschlossen werden / Hätz: Herz / Troor: Trauer / Schlavitt: Schopf, Kragen

Fastelovendslehd. Aus: Germaniens Völkerstimmen.
Sammlung der deutschen Mundarten in Dichtungen, Sagen, Märchen, Volksliedern usw., Bd. 1, 3 Bde., Berlin 1843–67.

Der Gürzenich

Johanna Schopenhauer

Dieses großartige, stattliche, in all seiner äußeren Altertümlichkeit wohlerhaltene Gebäude wurde während des fünfzehnten Jahrhunderts, bei dem durch den Beitritt der Stadt zu dem hanseatischen Bunde sich immer steigernden Wohlstände derselben, erbaut, um bei Bürgermeisterwahlen und andern öffentlichen Feierlichkeiten Bankette dort zu halten. Den Namen Gürzenich trägt es einem Kölner Bürger zu Ehren, welcher den Raum zu dem neuen Bau der Stadt als Geschenk überließ. Große Feste wurden hier im Lauf der Zeiten Kaisern und andern hohen Potentaten gegeben, von deren Pracht und Herrlichkeit die Kölner Chronik Wunder erzählt.

So ließ zum Beispiel im Jahre 1474 der Rat von Köln bei Anwesenheit des Kaisers Friedrich III. und seines Sohnes auf dem Gürzenich »einen Tanz machen, wie auch der Kaiser begehrt hatte, um die schönen Frauen von Köln zu besehen. Und des Kaisers Sohn, Herzog Maximilian, hatte den ersten Tanz mit einer Jungfer von Vinstingen. Und hatte vor ihm tanzen nach fürstlicher Weise zwei Edelleute von seinem Hofe. Und darnach fügte der Bischof von Mainz und der Bischof von Trier, daß sich die Frauen und Jungfern mit Händen nahmen paarweis, wohl zu sechsunddreißig Paaren, und tanzten so ohne Mann vor dem Kaiser auf und nieder. Und man gab da Kraut und Wein, neuen und firnen.«

Über alle Maßen groß und prächtig ging es auf dem Gürzenich her, als Kaiser Maximilian im Jahre 1505 in Köln Reichstag hielt. Vornehme Geistliche, zahlreiche Abgesandte nicht nur aus Deutschland, sondern auch aus Rom, aus England, aus Spanien, aus Frankreich und mehreren andern Ländern versammelten sich mit stattlichem Gefolge; vierunddreißig regierende Herren, Landgrafen und Kurfürsten zogen zu Schiffe und zu Pferde herbei, jeder von ihnen in stattlicher Begleitung, wie es seinem hohen Stande geziemte. Regierende Fürsten und edle Frauen hoher Geburt verschönerten durch ihre Gegenwart die Feste, die alle auf dem Gürzenich mit unbeschreiblicher Pracht und alle dem Aufwande gegeben wurden, den die damalige Zeit erheischte. Dann kamen trübere Tage, der Wohlstand sank, der Mut mit ihm; an große Feste wurde wenig gedacht, und bis vor einigen Jahren wurde das zu einer weit fröhlicheren Bestimmung errichtete Gebäude meistens nur als Lager und Kaufhaus zur Aufbewahrung vielen Raum erfordernder Warenartikel gebraucht.

Doch als Deutschland wieder frei wurde, kam auch Held Karneval mit seinem lustigen Gefolge wieder zurück in sein fröhliches Reich, und sein altes Absteigequartier mußte zu seinem Empfang wieder eingerichtet werden. Bei dem großen Faschingsball haben sich seitdem schon mehrere Male an viertausend seiner Getreuen in dem Saale des Gürzenich um ihn versammelt. Dieser Saal ist gewiß einer der größten in Deutschland, er nimmt den ganzen ersten Stock des großen Gebäudes ein, schien mir aber, unerachtet er vierundzwanzig Fuß hoch ist, doch noch etwas zu niedrig im Verhältnis zu seiner Länge und Breite. Eine Reihe hölzerner Pfeiler geht durch die Mitte desselben, was wohl notwendig sein mag, um eine Decke von diesem Umfange vor Einsturz zu sichern. Geschmackvoll decoriert, von einer hinlänglichen Anzahl von Kronleuchtern glänzend erleuchtet, von mehreren tausenden bunter Masken bis zum Gedränge angefüllt, gewährt er am Fastnachtsabende, wo die Maskenfreude ihren höchsten Gipfel erreicht, einen Anblick, dem wohl wenige an Heiterkeit sich vergleichen lassen mögen.

Johanna Schopenhauer (1766–1838). Aus: Ausflug an den Niederrhein und nach Belgien 1828. 2 Bde., Leipzig 1831.

Die kölnische Mundart

Die kölnische Mundart ist eine der sogenannten Übergangsmundarten, die in der Mitte zwischen den nieder- und den oberdeutschen Mundarten stehen. Diese Übergangsmundarten beginnen in den Rheinlanden in der Gegend von Düsseldorf und ziehen sich fort bis in die Gegend vonKoblenz. Die kölnische Mundart, die ihrem inneren Wesen nach mehr auf die Seite der niederdeutschen oder niedersächsischen Mundart neigt und einen sehr großen Teil der Wörter und Ausdrücke mit der flämischen und der holländischen Sprache gemein hat, wird auf eine eigentümlich weiche, schalkhaft gemütliche und etwas gezogene und singende Weise gesprochen, die den Kölner, auch wenn er Hochdeutsch spricht, überall kenntlich macht.Um die kölnische Mundart einigermaßen richtig zu lesen, merke man sich Folgendes:

Mundartlaut	Entsprechender Laut im hochdeutschen Wort
aa	Saal, Ware, kahl, Bart, Bratsche
ah	wahr, Bahn, geschah, Pfad, Braten
ee	Lehm, Weser, Wesel, Eger, Geestland
eh	Reh, geht, steht, Ehe, Klee
ie	Stier, Ziel, mir, Igel, Kiel
ih	Bier, hier, bieten, Friede, Glied
ô oder oo	Sohn, hohl, Tor, Woge, geboren
o	oben, Ofen, Mond, gehoben, empfohlen
oo	Mohr, schmoren, Zobel, Mohrrübe, jodeln
oh	rot, Not, Stroh, oder
uu	Spur, Schwur, Bude, Ufer, Rudel
uh	Schnur, gut, Mut, Stuhl, Grube

Die Umlaute sind von aa ää, ah äh, ô oder oo öö, o ö, oo öö, oh öh, uu üü, uh üh.

Der kölnische o-Laut wie z. B. in bott, kott, Schottel, Godd (Patin), Botter, och (auch), Gold, Schold, holle, Kolle, Kommer usw. hat keinen entsprechenden Laut in der hochdeutschen Sprache. Um dem Laut nahe zu kommen, spreche man den o-Laut in dem hochdeutschen Wort »rot« so kurz und geschärft als möglich aus.

Die kölnische Mundart hat die Eigentümlichkeit, dass die Wörter nicht stets denselben Laut beibehalten, sondern ihn bei der Beugung, Abwandlung und Verkleinerung häufig verändern. Man sagt z.B. de Ähd, op der Ääde; bliev zo Huus, ich well em Huhs blihve; fall meer nit op et Liev, doo sallß meer vum Lihv blihve; Wot, Wötche; Muus, Mühsche; dat eß en schön Blohm, dat sin schön Bloome; blos meer op et Häuv, doo kannß meer op et Häuv blose; dat eß e kott Wiev, met dem Wihv kammer nit en Fridde levve; 'ne Kääl, zwei Kähls; loor ens, ich well ens lohre; eer Hätz, en ehrem Hätze usw.

»Ei« wird in den meisten Fällen nicht wie im Hochdeutschen, sondern mit mehr geschlossenem Mund ausgesprochen, so dass der eigentliche e-Laut mehr gehört wird.

Das »e« in den Wörtern: eß, beß, Keß, Meß, met, Desch, Fesch, Schmeck (Peitsche), Werk, Ferke, Levve, gevve, nemme, spetz, Hetz usw., für das die hochdeutsche Sprache keinen entsprechenden Laut hat, muss möglichst kurz hervorgestoßen werden.

»G« wird fast durchgängig wie »j« ausgesprochen.

Das »n« in der Endsilbe »en« wird vom Kölner nicht ausgesprochen, ausgenommen, wenn das unmittelbar darauffolgende Wort mit einem Selbstlaut oder mit den Mitlauten b, d, h, t (vor letzterem Mitlaut nicht immer) beginnt. Indessen wird das »n« zuweilen auch vor anderen Mitlauten ausgesprochen, worüber sich jedoch keine Regel feststellen lässt, da dies mehr im Gefühl des Kölners liegt und von Betonung und Stellung des Wortes abhängt. Endsilben, die mit »e« schließen, wird sogar, wenn das unmittelbar darauffolgende Wort mit einem Selbstlaut oder einem der genannten Mitlaute beginnt, des Wohllauts wegen ein »n« angehängt: dat halden ich nit uus; ich sagen deer; ich kummen bahl widder; ich schrihven hück ʼnen Brehf usw. In den folgenden Proben ist das »n«, wo es nicht ausgesprochen wird, überall weggelassen worden.

Durch einen Apostroph an »ck« wird angedeutet, dass das »ck« bedeutend gelinder als im Hochdeutschen ausgesprochen werden muss, z.B. Zickʼe, strickʼe (streiten), sickʼe (seiden), lückʼe (läuten), lickʼe (leiden), Krückʼer (Kräuter) usw.

Das »e« in »der, dem, den« wird nur wenig gehört. Das »ʼne« z.B. ʼne Schlösselʼ halte man nicht für den weiblichen unbestimmten Artikel, es ist der männliche. Vor Selbstlauten und den obengenannten Mitlauten sagt man »ʼnen«, weil das »n« am Schluss dann nicht wegfallen darf.

Abendsegen

Als Beispiel zunächst der nachfolgende Abendsegen für die Kinder beim Schlafengehen:

Ovends, wann ich schloofen gohn,
Vezehn Engelcher met mer gohn,
Zwei zo mingger Rechten,
Zwei zo mingger Linken,
Zwei zo minggem Häuften,
Zwei zo minggen Föhsen,
Zwei, de mich decken,
Zwei, de mich wecken,
Zwei, de mich wiesen
En ed himmlische Paradieschen.

Alaaf de kölsche Kirmesse

Alaaf de kölsche Kirmesse!
Do geit es löstig zo,
Su'n eß gein Gottsdraag wick und breit,
Gein Kirmeß bei ov no.

De eezten eß de Weierstroß,
Kreschtoffel un Girjuhn,
Dann halden ich em Rippet nit
'ne Fuß vun minggem Luhn.

Ich han mich op der Ehrestroß
Em Kohberg mih vermaat,
Do danzte meer de Sibbesprüng.
Morjüh! dat hatt' 'nen Aat!

De Eigelsteiner Kirmeß eß
Meer Witthoffs Huus zo äng,
Un wammer en de Zweipann kümp,
dann sitz mer em Gedräng.

De prinzepahlste Kirmeß eß
Dann doch noch Zinter Vring,
Doch kritt mer fosche Brezele
Un och e goht Glaas Wing.

Der Bahs vun alle Gaden eß
De Krottige Katring,
Doch se verzappe luuter do
Verdammte sohre Wing.

Un wann de Beyer Kirmeß kütt,
Wat süff mer Appeldrank!
Un wär sich nit vollsuffen deit,
Dä friß sich dann doch krank.

Zo Joren, als ich droppe wor,
Morkränk, wat ging et doll!
De Glaserhött hatt' Plahz zo klein,
De andre wore voll.

Doch fählten et Schötzängelche
Met singer Viggelien,
Hä satz uns drop, ich kann inn dröm
Nit lööchten un nit sinn.

Un hätt' ich inn allein gehatt,
Meer hätten inn zerschwahd,
Dann blew aan singem krommen Balg
Kei Knöchelche mih grahd.

»Noo maach nit fräch dich«, sääd ich dann,
»Doo krommen Urgeleß!
Un wannste uns nit schrumpe wellß,
Dann schrumpen ich deer de Keß.«

Mich packten do der Tünnigs Jung,
De Kääze flochen uus!
Dat schlohg! ich daach, jitz küß doo nit
Labändig mih no Huus.

Se klatschte mich de Bank erav,
Ich wood esu verbahs,
Ich krääg en Bühl en mingge Kopp
We dem Steinemann sing Nahs.

Mie Glöck, dat wor e Kleiderschaaf,
Do fuschden ich mich en,
Un wann ich nit druus fott en quom,
Ich söß, vergott, noch drenn.

zo minggem Häuften: zu meinem Haupt / wiesen: weisen, lenken, führen / alaaf: hoch, es lebe, ich lobe mir / Gottsdraag: Herumtragen des Allerheiligsten in feierlicher Prozession / ov no: oder nahe / De eezten: die erste / Girjuhn: St. Gereon / Rippet: Tasche / Fuß: Fuchs, eine kleine Kupfermünze / vermaat: vergnügt, belustigt / Aat: Art / Zweipann: ein Kölner Wirtshaus / kümp: kommt / mer: man / Zinter Vring: St. Severin / fosche: frische / Wing: Wein / Bahs: Meister, Herr, Vorzüglichste / Gaden: Garten / De Krottige Katring: ein Wirtshaus bei St. Katharina, dessen Eigentümer Krott hieß / luuter: immer / sohre: säuern / droppe: drauf / Glaserhött: Bude mit Glasfenstem / Schötzängelche: ein bekannter Stadtmusikant / Viggelien: Violine, Geige / Hä satz uns drop: er ließ uns sitzen, er hielt nicht sein Wort / lööchten: leiden, ausstehen / sinn: sehen / zerschwahd: durchgeprügelt / mih: mehr / Urgeleß: Organist, Orgeldreher / wannste: wenn du / schrumpe: geigen, spielen / Keß: Kiste, d.i. Buckel / Kääze: Kerzen / flochen: flogen / küß: kommst / verbahs: verwirrt / Bühl: Beule / Steinemann: ein steinerner Wappenträger an einem Haus auf dem Steinweg / Kleiderschaaf: Kleiderschrank / en: ein', hinein / fott: fort / en: em Füllwort

Die kölnische Mundart. Aus: Germaniens Völkerstimmen. Sammlung der deutschen Mundarten in Dichtungen, Sagen, Märchen, Volksliedern usw., Bd. 1,3 Bde., Berlin 1843–67.

»Kölsch«

Alfons Paquet

K öln gilt als eine Heimat der Tenöre und alles Leichtgenommenen, als die Stadt der heiteren, spitzen, schlagfertigen Mädchen, der im Alter nonnenhaft strengen Frauen. Die Sprache dieser Stadt funkelt von Witz und Derbheit wie ein von Quarzen und Achaten durchsetztes Gestein. Sie wimmelt von sonderbaren Wendungen und auffallenden Wörtern, aus denen man spüren kann, wie viele Länder einst ihre Soldaten, Priester, Kaufleute, Wanderarbeiter ins Kölnische entsandten.

Man mische viel Mittelniederdeutsch mit ein bißchen Kirchenlatein, ein paar Bröckchen Alt- und Neufränkisch mit Spuren von Spanisch und Wallonisch, ein Stück Schiffer und Bauernsprache mit modernem Sportjargon und gebe dem Ganzen einen gedehnten, singenden Tonfall. Es gibt keinen stärkeren Ausdruck dieses unergründlichen Bodens. Gewiß, die Kölner Bevölkerung hat sich im neunzehnten Jahrhundert geändert. Aus der Provinzstadt, die bis in die Biedermeierzeit hartnäckig an tausend Besonderheiten festhielt, ist eine Weltstadt geworden.

Der Kern der Einheimischen ist von Zugewanderten umlagert. Besonders die aus dem Bergischen eingewanderten protestantischen Familien erscheinen als die Träger der großen Unternehmungen, die dem Aufstieg der Stadt zugute kamen. Doch auch die Hinzugewanderten üben mit Vergnügen den Tonfall der heimischen Mundart. Sie lebt im Puppenspiel, dem »Kölner Hännesje«, in den Divertissementchen der Gesellschaft Cäcilia Wolkenburg, kurz ›et Zillche‹ genannt, wo nach uralter Sitte die Frauenrollen noch von Männern gespielt wurden. Die zu jedem Akt gehörenden Ballette waren ihr Geld wert. Das Volk jubelte vor dem aus Dialekt, Lyrismus, Gassenwitz, Anmut und Allegorie zusammengeflossenen Singspiel.

Es gibt Liebeserklärungen zwischen einem Volk und seiner Heimat, die etwas von den Glanztagen einer alten Ehe haben. Und die »Krepp«, die einst in der Lintgasse spielte, das Hännesje, das heute auf dem kleinen, in die Altstadt eingeschobenen Eisenmarkt seine Behausung hat, bringt immer neue Volksstücke. In ihnen sind das Hännesje, das Bärbelche, der Bestevadder, der Schäl, der Tünnes und Schnauzerkowsky, der »Poliziß«, die wohlbekannten stehenden Figuren der Kölner Dramatik geblieben.

Die Erhaltung der kölnischen Sprache ist immer eine Sache von Männern gewesen, deren Anliegen mehr als bloßer Lokalpatriotismus war. Selbst der würdige Wallraf verschmähte es nicht, Dialektstücke zu schreiben. Sagen und Schwänke, Krätzchen und Faxen, Sprichwörter und Redensarten bilden eine bis in unsere Tage reichende, überaus bunte stadtkölnische Literatur. Der Kölner Boden hat seine eigene noch ungehobene dichterische Substanz. Es ist der Boden einer Weltstadt, in der noch erstaunlich viel vom Bäuerlichen, Kleinstädtischen und Reichsstädtischen der Vergangenheit lebendig ist.

Alfons Paquet (1881–1944). Aus: Boden einer Weltstadt, in: Frankfurter Zeitung v. 21. Mai 1939.

Die Heinzelmännchen

August Kopisch

Wie war zu Köln es doch vordem
Mit Heinzelmännchen so bequem!
Denn war man faul, man legte sich
Hin auf die Bank und pflegte sich:
Da kamen bei Nacht, ehe man's gedacht,
Die Männlein und schwärmten und klappten und lärmten
Und rupften und zupften
Und hüpften und trabten und putzten und schabten,
Und eh' ein Faulpelz noch erwacht,
War all sein Tagewerk bereits gemacht.

Die Zimmerleute streckten sich
Hin auf die Spähn und reckten sich,
Indessen kam die Geisterschar
Und sah, was da zu zimmern war:
Nahm Meißel und Beil und die Säg' in Eil.
Sie sägten und stachen und hieben und brachen,
Berappten und kappten,
Visierten wie Falken und setzten die Balken:
Eh' sich's der Zimmermann versah,
Klapp, stand das ganze Haus schon fertig da.

Beim Bäckermeister war nicht Not.
Die Heinzelmännchen backten Brot.
Die faulen Burschen legten sich,
Die Heinzelmännchen regten sich,
Und ächzten daher mit den Säcken schwer!
Und kneteten tüchtig und wogen es richtig,
Und hoben und schoben
Und fegten und backten und klopften und hackten.
Die Burschen schnarchten noch im Chor:
Da rückte schon das Brot, das neue, vor.

Beim Fleischer ging es just so zu:
Gesell und Bursche lag' in Ruh.
Indessen kamen die Männlein her
Und hackten das Schwein die Kreuz und Quer.
Das ging so geschwind wie die Mühl' im Wind:
Die klappten mit Beilen, die schnitzten an Speilen,
Die spülten, die wühlten,
Und mengten und mischten und stopften und wischten.
Tat der Gesell die Augen auf:
Wapp: hing die Wurst da schon im Ausverkauf.

Beim Schenken war es so: Es trank
Der Küfer bis er niedersank;
Am hohlen Fasse schlief er ein.
Die Männlein sorgten um den Wein
Und schwefelten fein alle Fässer ein,
Und rollten und hoben mit Winden und Kloben
Und schwenkten und senkten
Und gossen und panschten und mengten und manschten.
Und eh' der Küfer noch erwacht,
War schon der Wein geschönt und fein gemacht.

Einst hatt' ein Schneider große Pein:
Der Staatsrock sollte fertig sein;
Warf hin das Zeug und legte sich
Hin auf das Ohr und pflegte sich:
Da schlüpften sie frisch in den Schneidertisch
Und schnitten und rückten und nähten und stickten
Und faßten und paßten
Und strichen und guckten und zupften und ruckten.
Und eh' mein Schneiderlein erwacht,
War Bürgermeisters Rock bereits gemacht.

Neugierig war des Schneiders Weib
Und macht sich diesen Zeitvertreib:
Streut Erbsen hin; die andre Nacht
Die Heinzelmännchen kommen sacht.
Eins fährt nun aus, schlägt hin im Haus;
Die gleiten von Stufen und plumpsen in Kufen;
Die fallen mit Schallen,
Die lärmen mit Schreien und vermaledeien!
Sie springt hinunter auf den Schall
Mit Licht: Husch, husch, husch, husch! Verschwinden all!

O weh, nun sind sie alle fort,
Und keines ist mehr hier am Ort!
Man kann nicht mehr wie sonsten ruhn.
Man muß nun alles selber tun!
Ein jeder muß fein selbst fleißig sein
Und kratzen und schaben und rennen und traben
Und schniegeln und biegeln
Und klopfen und hacken und kochen und backen.
Ach, daß es noch wie vormals wär'!
Doch kommt die schöne Zeit nicht wieder her.

August Kopisch (1799–1853). Aus: Allerlei Geister, Balladen 1848.

Der reiche Mann von Köln

Emanuel Geibel

Zu Köln ein reicher Kaufherr saß,
Der hatt' ein Herz von Eisen;
Er lebte dahin in Saus und Braus
Und drückte Witwen und Waisen.

Er zählte sein Silber und wog sein Gold
Und lachte dazu im stillen;
Der Richter bog um Gunst und Geld
Das Recht nach seinem Willen.

Da war ein Mägdlein in der Stadt,
Ein Kind von jungen Jahren,
Er trieb es fort von Haus und Hof
Mit grimmigem Gebaren.

Und als der Schnee im Winter fiel
Und ging der Rhein mit Eise,
Ihn jammerte nicht des Kindes Not,
Das hatte nicht Kleid noch Speise.

Und als der Frühling kam ins Land,
Die Vöglein sangen mit Schalle:
Sie fanden das Mägdlein morgens tot
Auf einer Streu im Stalle.

Sie trugen es fort und gruben es ein
Am Friedhof auf der Wiese;
Die Seele ging in Sankt Michaels Schoß
Hinauf zum Paradiese.

Den Tag danach der Kaufmann ritt
Wohl lachend daher im Trabe,
Da standen drei Lilien, weiß wie Schnee,
Gewachsen auf dem Grabe;

Da standen drei Lilien, weiß wie Schnee,
Im Winde die Blumen gingen;
Ein Vöglein schwang vom Hügel sich auf,
Im Flug hub's an zu singen:

»Herr Marx von Köln, Herr Marx von Köln,
Wie bleich ist dein Gesichte!
Du bist ein Mörder, Herr Marx von Köln,
Ich lade dich zu Gerichte.«

Dem Kaufherrn wohl das Lachen verging,
Sein Mut war all verloren;
Er wandte sein Roß und jagte nach Haus,
Vom Blute troffen die Sporen.

Handelsherren im 17. Jh.

Zeitgenössischer Kupferstich

Er mochte nicht nehmen Speise noch Trank
Vor ängstlichen Gedanken;
Wohin er schaut' in Saal und Hof,
Drei Lilien sah er schwanken;

Und als er nachts auf dem Kissen lag,
Keinen Schlaf könnt' er erzwingen;
Sobald ihm fielen die Augen zu.
Hört' er das Vöglein singen.

»Ach helft mir, helft mir, lieber Arzt!
Ich will's euch neunfach zahlen.
Mir brennt's im Herzen wie höllisch' Feur'!
Helft mir von diesen Qualen!«

Wohl ging der Arzt, mit Sorg und Fleiß
Manch bittern Trank zu mischen;
Es tat nicht gut, es tat nicht schlimm,
Das Vöglein sang dazwischen:

»Herr Marx von Köln, an deiner Sünd'
Wird alle Kunst zunichte!
Du bist ein Mörder, Herr Marx von Köln!
Ich lade dich zu Gerichte.«

Und um die dritte Mitternacht
Ging an der Tür ein Klopfen;
Den Kranken trieb's vom Lager auf,
Ihm floß die Stirn von Tropfen.

Und als seine Hand den Riegel schob,
Sie flog vor Angst und Schmerze;
Und als die Tür in den Angeln ging.
Ein Zug blies aus die Kerze.

Der draußen stand, das war der Tod;
Er nahm Herrn Marx von Köllen,
Er setzt' ihn auf sein aschfarb' Roß
Und fuhr mit ihm zur Höllen.

Emanuel August Geibel (1815–1884). Aus: Neue Gedichte, 1856.

Hermann Greyn
Eine vaterländische Ballade vom Jahr 1262

Franz Theodor Biergans

In der heil'gen Stadt von Köln am Rhein
Wurde vor fünfhundert Jahr' Herr Greyn
Bürgermeister von dem Volk erkoren;
Jeden Bürger freute dieses sehr,
Dann der Hermann war ein frommer Herr
Und dazu im heil'gen Köln geboren.

Ein recht biedrer Mann war Hermann Greyn,
Er beschützte baß das Dein und Mein,
Suchte stets dem reichen Dom zu schaden,
War der unterdrückten Bürger Freund
Und des Bischofs Engelbertus Feind,
Ließ die Pfaffen nie zum Mahle laden.

Engelbertus lebt' mit Köln im Streit,
Hermann Greyn war auf der Bürger Seit',
Den Erzbischof tat dies sehr verdrießen,
Hermann fürchtete den Bischof nicht,
Denn er sagt' ihm einstens ins Gesicht:
»Deinen Stab wird nie der Kölner küssen.«

»Dieses hast du nicht umsonst gesagt«
Sprach bei sich der Bischof wohlbedacht.
»Brüder hört, wie sich der Lai' erfrechet!«
Doch es schwöret Bischof Engelbert
Bei dem Hirtenstab und bei dem Schwert,
Nicht zu ruhn, bis diese Red' gerächet!

Höre Welt, wie dieser heil'ge Mann
Seine Rach' an Hermann Greyn begann!
Er, erkaufte eilens zwei Braminen,
Ihre Namen sind mir unbekannt,
Unsre Chronik hat sie nicht genannt,
Um als Meuchelmörder ihm zu dienen!

Diese Buben luden unsern Greyn
Auf den Ostertag zum Mahle ein,
Hermann hielte diese zwei für fromme
Leut', unwissend, daß oft im Talar
Schurken stecken und daß am Altar
Brudermörder beten, sprach: »Ich komme!«

Hermann träumte weder Trug noch List,
Ging auf Ostertag als frommer Christ
In die Mess' und aus der Mess' zum Mahle,
Wo die zwei bestochnen Pfaffen schon,
Ihres Raubs gewiß, den reichen Lohn
Schimmern sahn im mächtigen Pokale.

Da die Buben Hermann kommen sahn;
Sprach der älteste: »Ich will ihm mich nahn
Und will ihn durch Höflichkeit gewinnen;
Sei mir Willkomm', biedrer, frommer Greyn!
Gehe nur zu diesem Saal hinein,
Ein Bekannter wartet deiner drinnen!«

Hermann dachte hier an keinen Feind,
Eilte zu dem unverhofften Freund,
Ihn nach deutscher Bruderart zu küssen.
Sein Begleiter führte in zum Saal,
Schwand und schloß die Türe auf einmal,
Schrie: »Jetzt kannst du deinen Frevel büßen!«

Himmel, wie erschrake Hermann nicht,
Als auf einmal dieser Bösewicht
In den Mantel seine Linke und
Fuhr damit dem Löwen in den Schlund,
Nahm behend die Klinge, fuhr zum Herzen,
Stieß mit Manneskraft und Heldenmut;
Hermann siegt' –, es flog ein Strom von Blut,
Und der Feind erlag von tausend Schmerzen.

Unser Ritter machte gleich dem Land
Diese unerhörte Tat bekannt,
Lief dann zum ew'gen Angedenken
In der Pfaffenpfort' der Mittelstadt,
Die seit dieser Zeit den Namen hat,
Beide Derwisch' im Talare henken!

Itzt, ihr Kölner, seht ihr's offenbar,
Daß der Klerus voller Tücke war,
Daß er euch oft Weib und Kinder raubte,
Daß er, um von eurer Stadt, vom Rhein
Und von euren Gütern Herr zu sein,
Sich das größte Bubenstück erlaubte.

Engelbert II. von Falkenburg: Kölner Erzbischof (1261–1274) / Braminen oder Brahmanen: Bramapriester, Verehrer, Diener des indischen Gottes Brahma / Derwisch: islamischer Bettelmönch

Hermann Greyn besiegt den Löwen

A. Baur (1835–1906)

Franz Theodor Biergans (1768–1842).

127

Register